앞

**빨간내복야코 3**

# 어휘 절대 안 틀리는 책

초판 한정 어휘 카드

제일 어려운 어휘 베스트 6

| | |
|---|---|
| 귀퉁이 | 빙산의 일각 |
| 편견 | 빈부 |
| 발굴 | 자취를 감추다 |

위즈덤하우스

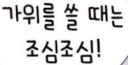

## 게임 방법

① 선을 따라 가위로 오려 어휘 카드를 만들어 봐.
② 카드 앞면의 어휘를 보여 주며 뜻을 질문해 봐.
③ 대답을 뒷면의 뜻과 비교해 봐.
④ 잘 모르겠다면, 다시 한번 책을 펼쳐 보자!

별의 개수로 난이도를 확인해 봐.

팁

가위를 쓸 때는 조심조심!

---

### 빙산의 일각 ★★☆☆
겉으로 드러나 보이는 부분은 아주 작고, 더 크고 중요한 부분은 숨겨져 있다는 뜻이야.

### 귀퉁이 ★★☆☆
사물 또는 마음의 한구석이나 부분을 말해.

**비슷한 어휘**
모퉁이: 구부러지거나 꺾어져 돌아간 자리를 말해.

### 빈부 ★★★☆
가난함과 부유함을 동시에 가리키는 말이야.

### 편견 ★★★★☆
공정하지 못하게 한쪽으로 치우친 생각을 말해.

### 자취를 감추다 ★★☆☆
아무도 모르게, 흔적도 없이 조용히 사라지는 것을 말해.

### 발굴 ★★★★☆
묻혀 있는 것을 찾아 파내는 거야. 알려지지 않은 것을 찾아 밝혀낸다는 뜻도 있어.

**비슷한 어휘**
발견: 미처 찾아내지 못하거나 아직 알려지지 않은 것을 찾아내는 거야.

© 빨간내복야코.   © SANDBOX NETWORK.

# 등장인물

"이번 책도" "최고군!"

### 야코
이 만화의 주인공.
평소에는 장난기 넘치지만
누군가 어휘를 틀리게 쓰면
알레르기 반응을 보인다.

### 사동이
야코의 친척 동생이자,
이 만화의 또 다른 주인공.
아직 잘 모르는 어휘가 많지만,
자신감만큼은 1등이다.

"엄마가 말했지?"

### 어머니
야코의 어머니이자 사동이의 이모.
잔소리로 랩을 구사하는 일명 K-어머니!

"당최 뭔 말이오?"

### 유교 보이
스포키의 시간 장치가 고장 나
조선 시대에서 온 사동이 또래 어린이.
한자 어휘에 강하고 현대 문물에 약하다.

## 야코의 친구들

"힘이 달려?" "그래도 달려!"

### 하몽
야코의 든든한 절친. 친절하고 똑똑하지만 친구들 사이에서는 자주 놀림감이 된다.

### 양양
달라도 너무 다른 입맛 때문에 야코와 자주 티격태격하는 친구.

"귀찮아."

### 츄리
무뚝뚝하고 만사를 귀찮아하지만 은근히 정이 많은 친구.

### 햄C
어딜 가나 늘 마이크를 들고 다니는 프로 진행자 친구.

### 원바
늘 웃고 있지만 먹을 것을 빼앗기면 사나워지는 친구.

"뭘 발명해 볼까나?"

### 스포키
발명과 스포일러가 취미인 천재 과학자 친구.

## 사동이의 친구들

사동이의 같은 반 친구들. 모이면 시끄럽지만 서로 도우며 사이 좋게 어휘 상식을 쌓는다.

**뿔콘치   백설   토벤   김순재**

굿다　　발짝　　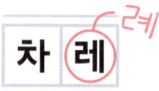　　노파심
　　　　　　　　　　　　편견

등장인물　　　　　　　　　　2

## 1장 제대로 쓰면 더 정확히 읽히는 어휘

| | |
|---|---|
| 장사 vs 장수 | 8 |
| 값 vs 삯 | 10 |
| 달리다 vs 딸리다 | 12 |
| 두껍다 vs 두텁다 | 14 |
| 굿다 vs 굳다 | 16 |
| 귀퉁이 vs 모퉁이 | 18 |
| 낟알 vs 낱알 | 20 |
| 비스듬하다 vs 비스름하다 | 22 |
| 너무 vs 매우 | 24 |
| 덕 vs 탓 | 26 |
| 너의 vs 너희 | 28 |
| 발자국 vs 발짝 | 30 |
| 살지다 vs 살찌다 | 32 |
| 애꿎다 vs 짓궂다 | 34 |
| 안치다 vs 앉히다 | 36 |
| 계발 vs 개발 | 38 |

**야코와 함께 노래를 ♪🎵**
▶ 길치　　　　　　　　　　40

## 2장 한자 하나만 알아도 열을 꿰치는 어휘

| | |
|---|---|
| 학문 / 문제 / 반문 | 44 |
| 거처 / 거주지 / 동거 | 46 |
| 노파심 / 심리 / 심신 | 48 |
| 종형제 / 형 / 부모 형제 | 50 |
| 조식 / 조회 / 조조할인 | 52 |
| 만물 / 물건 / 고물 / 물물 교환 | 54 |
| 노출 / 외출 / 출몰 | 56 |
| 우산 / 우비 / 우기 / 우의 | 58 |
| 친구 / 친애 / 친목 | 60 |
| 다소 / 다급히 / 다수결 | 62 |
| 학교 / 학우 / 학습 | 64 |
| 견학 / 편견 / 견문 | 66 |
| 장기간 / 장단 / 장발 | 68 |
| 안녕 / 평안 / 안부 | 70 |
| 서신 / 각서 / 도서관 | 72 |
| 수첩 / 수제 / 묘수 | 74 |

**야코와 함께 노래를 ♪🎵**
▶ 요즘 어린이 vs 조선 시대 어린이　76

오지랖  
빈부  
애간장이 타다  
빙산의 일각  
발굴

## 3장 모르고 넘어가면 큰코다치는 교과서 속 어휘

| | |
|---|---|
| 검소 | 82 |
| 낭송 | 84 |
| 공손 | 86 |
| 호소 | 88 |
| 공생 | 90 |
| 배열 | 92 |
| 빈부 | 94 |
| 경지 | 96 |
| 복제 | 98 |
| 중략 | 100 |
| 인식 | 102 |
| 발굴 | 104 |
| 실천 | 106 |

**야코와 함께 노래를 ♪♬**
▶ 인형 뽑기　　　　108

## 4장 알아야 써먹는 관용구 속 어휘

| | |
|---|---|
| 간에 기별도 안 가다 | 112 |
| 줄행랑을 치다 | 114 |
| 쐐기를 박다 | 116 |
| 배짱이 좋다 | 118 |
| 너울을 쓰다 | 120 |
| 진땀을 빼다 | 122 |
| 오지랖이 넓다 | 124 |
| 등골이 서늘하다 | 126 |
| 자취를 감추다 | 128 |
| 애간장이 타다 | 130 |
| 손사래를 치다 | 132 |
| 빙산의 일각 | 134 |
| 딴죽을 걸다 | 136 |
| 한풀 꺾이다 | 138 |
| 활개를 치다 | 140 |

**야코와 함께 노래를 ♪♬**
▶ 숨 막히게 뻘쭘한 노래　　　142

우리도 할래?
활개를 쳐 볼까?

# 1장

## 제대로 쓰면 더 정확히 읽히는 어휘

# 장사 vs 장수

## 야코의  어휘 사전

장사는 '이익을 얻으려고 물건을 사서 파는 것, 또는 그런 일'을 가리켜.

반면에 장수는 '장사를 하는 사람'이란 뜻이야. 비슷하게 생겨서 헷갈리기 쉽지만 둘은 엄연히 다르단다.

'생선 장사를 하는 생선 장수', '붕어빵 장사를 하는 붕어빵 장수'처럼, 앞으로는 두 단어를 잘 구별해서 올바르게 쓰도록 하자.

### 사동이의 나머지 공부

**장수**
❶ 오래 사는 삶
예문 할머니, 장수하세요!

❷ 군사를 거느리는 우두머리
예문 고구려 장수는 용맹하구나!

 형! 나 물어볼 게 있어.

뭔데? 아프지 않게 살살 물어봐.

샀이 무슨 말이야?

샀? 어디서 나왔는데?

> 문제3 다섯 명의 친구들은 기찻샀으로 총 35,000원을 냈고 네 명의 친구들은 뱃샀으로 총 24,000원을 냈다. 기찻샀과 뱃샀 중에 일인당 이용 금액이 더 비싼 것은 무엇일까?

아하! 저 문제 속에서 '샀'이란 기차나 배를 이용하고 내는 돈을 말해.

 내가 그럴 줄 알았어. 값이라고 하면 될 걸 왜 옛날 말로 헷갈리게 하는 거야?

사동아, 샀은 지금도 쓰는 말이야. 값이랑 샀은 둘 다 돈이랑 관련 있지만 의미가 달라서 구분해 써야 해.

그래? 그런데 형! 나 아직도 이해가 안 되는 게 있어.

 뭔데?

 다섯 명이 기차를 탔으면 배도 다 같이 타야 하는 거 아니야? 친구 한 명은 어디 간 거야?

 사동아! 그냥 솔직히 말해. 나눗셈이 잘 안 되는 거지?

 형! 저게 나눗셈 문제였어?

---

### 야코의  어휘 사전

'값'과 '삯'은 의미가 달라서 잘 구분해 써야 해.

'값'은 '사고파는 물건에 일정하게 매겨진 액수', '물건을 사고팔 때 주고 받는 돈'을 말해. '삯'은 '일한 데 대한 품값으로 주는 돈이나 물건' 또는 '어떤 물건이나 시설을 이용하고 주는 돈'을 말하지.

다시 말해, '삯'은 '사람이 일을 하고 대가로 받는 돈이나 물건'이란 뜻으로 쓰여서 품(어떤 일에 드는 힘이나 수고) 뒤에 붙여 쓰여. 예문을 보면 이해가 갈 거야.

**예문** 머슴은 품삯으로 쌀 반 가마니를 받기로 했다.
배를 빌린 삯을 지불했다.
과일값이 너무 비싸다.

# 달리다 vs 딸리다

# 두껍다 vs 두텁다

 형! 어떻게 하면 친구들한테 표를 많이 받을까?

 표? 사동이 너 회장 선거에 나가?

 응. 일주일 뒤에. 이번엔 꼭 당선돼야 해.

 그렇구나. 그럼 친구들에게 믿음을 쌓아야지.

 어떻게?

 음, 일단 약속을 잘 지키고 학급 일에 솔선수범하고… 친구들을 잘 도와주면 어떨까?

 아! 그렇구나! 그러면 친구들이 나를 두껍게 믿는단 말이지? 형! 고마워!

 헉! 두껍게? 사동아! 사동아!

## 야코의 어휘 사전

'두껍다'는 두께가 보통보다 클 때, 또는 층을 이루고 있는 사물의 높이나 어떤 집단의 규모가 보통보다 클 때 쓰는 말이야. '어둠이나 안개, 그늘 따위가 짙다'라는 뜻도 있어.

친구들 사이에 믿음이 깊고 강할 때는 '두껍다'가 아니라 '두텁다'를 써야 해. '두텁다'는 '신의, 믿음, 인정, 관계 따위가 굳고 깊음'을 뜻하거든.

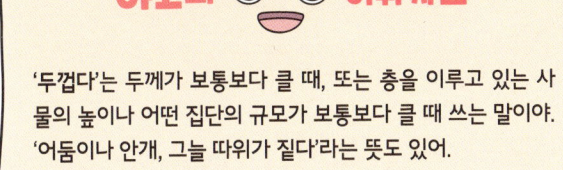 친구 사이에는 두터운 믿음이 중요해.

# 궂다 vs 굳다

## 야코의 어휘 사전

'궂다'와 '굳다'는 받침 하나 차이지만, 뜻이 완전히 달라.

'궂다'는 '비나 눈이 내려서 날씨가 나쁘다', '언짢고 나쁘다'라는 뜻이야.

반면 '굳다'는 '무른 것이 단단해지다', '근육과 뼈마디가 뻣뻣하게 되다', '힘과 의지가 강하다' 등의 뜻이 있지. 두 어휘는 잘 구별해서 써야 해.

### 쪽지 시험

다음 문장의 빈칸에 들어갈 알맞은 어휘를 골라 봐.

어깨가 (       ) 팔이 뒤로 안 넘어간다.

① 궂어서  ② 굳어서  ③ 긋어서
④ 구더서  ⑤ 긎어서

정답: ② 굳어서

# 귀퉁이 VS 모퉁이

## 야코의 어휘 사전

'귀퉁이'는 '사물 또는 마음의 한구석이나 부분', '물건의 모퉁이나 삐죽 나온 부분'을 뜻해.

츄리처럼 골목의 끝에서 구부러지거나 꺾어져 돌아간 자리를 말하고 싶을 땐 '귀퉁이'가 아니라 '모퉁이'를 써야 해. 모퉁이가 바로 그런 뜻이거든.

기억해! 귀퉁이는 물건이나 마음에, 모퉁이는 길에 써야 한다는 걸!

기대된다.

 얘들아, 야코 형이 그러는데 뿔콘치랑 백설이랑 토벤이 모두 각각 하나씩 맞혔대. 나는 다 틀렸고, 조합해 보면 정답이 나온다는데, 알겠어?

 난 엄마가 불러서… 이따 올게.

 음, 나도.

 난 아빠가 부르신다.

 난 우리 강아지가 불러서 그만 가 볼게.

오! 이거 재밌는 퍼즐이 완성됐는데!

사동이는 둘 다 틀리고 나머지는 하나씩 맞혔다. 정답은 무엇일까?

| | | |
|---|---|---|
| 뿔콘치 | 보리 낟알 | 옥수수 낱알 |
| 백설 | 보리 낟알 | 옥수수 낱알 |
| 토벤 | 보리 낫알 | 옥수수 낱알 |
| 사동 | ~~보리 낫알~~ | ~~옥수수 낫알~~ |

 이모, 저 부르셨어요?

다다다

### 야코의 어휘 사전

퀴즈의 정답은 '보리 낟알'과 '옥수수 낱알'이야. '낟알'은 '껍질을 벗기지 않은 곡식의 알'을 뜻하고 '낱알'은 '하나하나 따로인 알'을 말하니 잘 구분해서 쓰자.

### 쪽지 시험

다음 단어들의 뜻을 바르게 연결해 봐.

① 낟 ·　　　· ㉠ 곡식이나 풀을 베는 데 쓰는 농기구
② 낫 ·　　　· ㉡ 셀 수 있는 물건의 하나하나
③ 낮 ·　　　· ㉢ 곡식의 알
④ 낯 ·　　　· ㉣ 눈, 코, 입이 있는 얼굴의 바닥
⑤ 낱 ·　　　· ㉤ 해가 떠 있는 동안

정답: ①-㉢ / ②-㉠ / ③-㉤ / ④-㉣ / ⑤-㉡

# 비스듬하다 vs 비스름하다

사동아, 잠시만.

이 사진 보니 어떤 느낌이야?

왜 사진을 이렇게 비스듬하게 찍었어?

빙고! 비스듬하게! 비스듬하다! 이제 알겠어?

앗! 정답이 '비스듬하다'였네!

맞아. 비슷하게 생겼다고 뜻도 같은 건 아니니 찬찬히 살펴보도록!

네!

## 야코의 어휘 사전

'비스듬하다'는 수평이나 수직이 아닌 한쪽으로 기울어진 듯한 모습을 말해.

'비스름하다'는 거의 비슷하다는 뜻으로, 비슷한 말로는 '방불하다', '비슷하다', '엇비슷하다' 등이 있어. '비스무리하다'는 표준어가 아닌 방언인데, '비슷하다'는 뜻이 같단다.

**예문** 액자가 왜 저렇게 비스듬하게 걸려 있지?
형제의 얼굴이 비스름하네!

# 너무 vs 매우

## 야코의 어휘 사전

'너무', '매우', '몹시', '무척', '아주' 등은 모두 정도를 나타내는 말로, 어떠한 정도가 보통을 넘어설 때 쓰여. 부정적인 의미로 쓸 때는 '너무'와 '몹시'를, 긍정적인 의미로 쓸 때는 '매우', '무척', '아주'를 쓰지.

사실 요즘은 '너무'의 뜻이 넓어져서 긍정적인 문장에도 두루 쓰이곤 해. 하지만 기왕이면 잘 구분해서 쓰면 더 좋겠지?

**너무**: 일정한 정도나 한계를 넘어선 상태로 → 부정적인 문장에 쓰임
**몹시**: 더할 수 없이 심하게 → '지나치다', '심하다'의 의미
**매우**: 보통보다 훨씬 더
**무척**: 다른 것과 비할 수 없이
**아주**: 보통 정도보다 훨씬 더 넘어선 상태로

# 덕 vs 탓

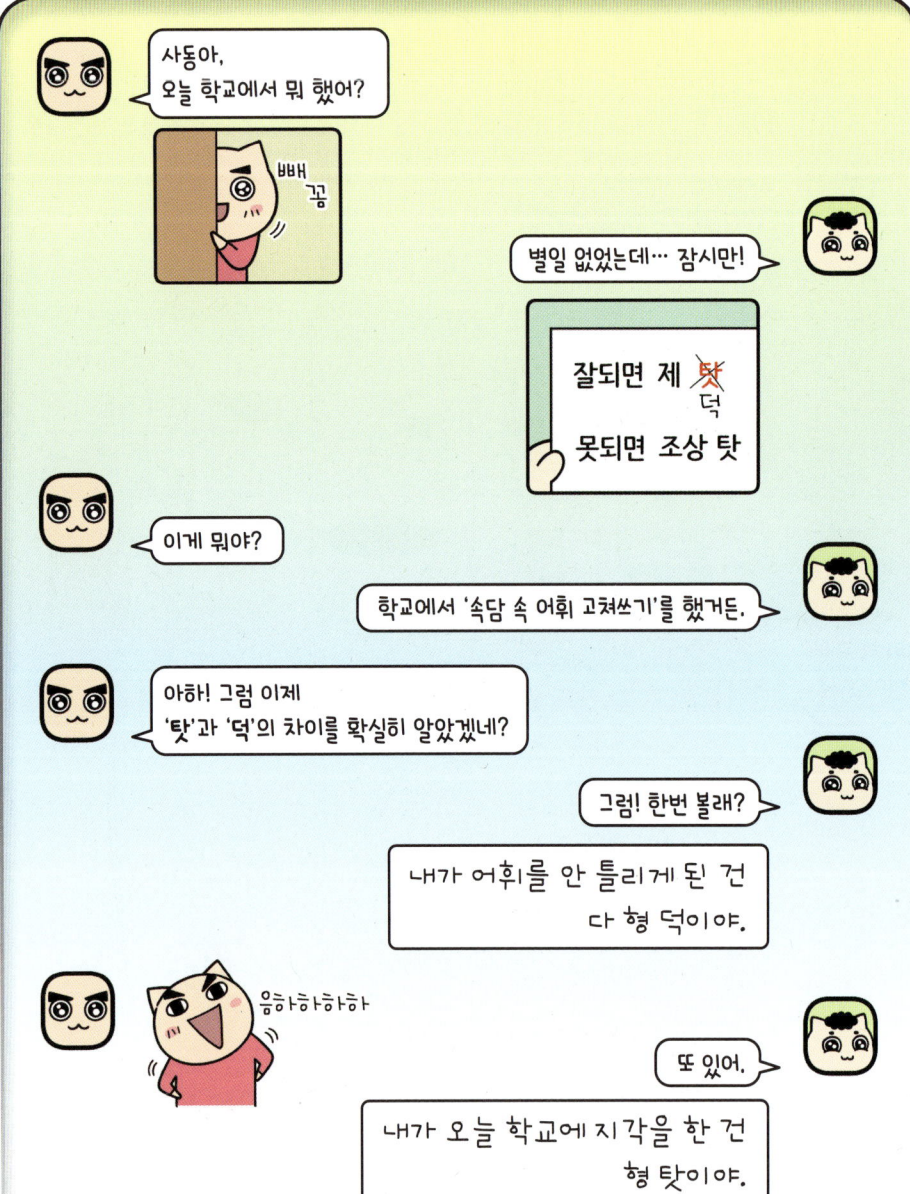

사동이 너 오늘 지각했어?

 응. 형이 사 준 책이 너무 재미있어서 새벽까지 읽다가 늦잠 잤거든.

 헉!

 또 있어…. 방금 내가 넘어진 건 형 탓이야. 으앙! ㅠㅠ

 응? 사동아!

이모!

쫑긋

끼이익

형이랑 톡 하다가 돌부리에 걸려 넘어졌어요.

엉엉

야코야!

쾅

아이고, 옷이 왜 그래? 넘어졌어?

## 야코의 어휘 사전

'덕'과 '탓'은 모두 '때문'으로 바꿔 쓸 수 있어. 그런데 둘은 쓰임새가 달라.

'탓'은 '주로 부정적인 현상이 생겨난 까닭이나 원인', '구실이나 핑계로 삼아 나무라거나 원망하는 일'이라는 뜻이 있지.

'탓'과 반대로, '덕(덕분)'은 '베풀어 준 은혜나 도움'이란 뜻이야. 그래서 긍정적인 의사 표시를 하는 문장에 쓰여. 예를 들면 '선생님 덕분에 학교가 좋아졌어요'와 같이 말이야.

'덕'은 긍정적인 의미로, '탓'은 부정적인 의미로, '때문'은 긍정과 부정의 의미 모두에 쓸 수 있단다.

# 너의 vs 너희

## 야코의 어휘 사전

'너의'는 상대방을 가리키는 대명사인 '너'에 관형격 조사 '의'가 붙어서 관형어 구실을 해. '너의 손', '너의 가방'처럼 손과 가방을 꾸며 주는 거야. '너의'를 '네'로 줄일 수 있으니 '네 손', '네 가방'으로도 쓸 수 있지. '너의'는 듣는 이가 친구거나 아랫사람일 때 써야 해.

'너희'도 마찬가지로 듣는 이가 친구거나 아랫사람일 때 쓰는데, 대신 한 사람이 아니라 둘 이상의 여럿을 부를 때 써. '너'의 복수형이 '너희'인 거야.

### 쪽지 시험

다음 문장에 들어갈 알맞은 단어를 골라 O 표시 해 봐.

① (너의 / 너희) 모두 내 말 잘 들어.

② 사동아, (너의 / 너희) 책 좀 빌려줄 수 있어?

정답: ① 너희 ② 너의

# 발자국 vs 발짝

저런! 이모가 당장 눈밭에도 끄떡 없는 장화 사 줘야겠네.

 사동아, 좋아할 때가 아니야.

 ?

 너는 방금 아주 치명적인 오류의 발자욱을 남겼어. 뭔지 찾아봐.

 아! 형! 저건 오타야. '발작'이 아니라 '발자욱'인 거 나도 알아.

 어휴, 우리 사동이 또 틀렸네. 세상에 발자욱이란 단어는 없어. '발자국'이라고 써야지.

 형 따라 쓴 건데?

 앗… 저건 형 손가락이 미끄러져서 오타가 난 거야.

 ㅋㅋㅋㅋㅋㅋ

## 야코의  어휘 사전

사동이는 아무래도 '발짝'을 '발작'으로 틀리게 쓴 것 같지? 그런데 사실 '발짝'도 사동이가 쓴 말에서는 바르게 쓴 게 아니야.

'발짝'은 '발을 한번 떼어 놓는 걸음을 세는 단위'로 '발자국' 도 같은 뜻으로 쓸 수 있어. '한 발자국, 두 발자국', '한 발짝, 두 발짝' 모두 바른 표현이지.

그런데 '발자국'은 또 다른 뜻이 있어. 바로 '발로 밟은 자리에 남은 모양'이야. 사동이가 잘못 쓴 '발작'은 '발자국'의 이 뜻에 들어맞지.

# 살지다 vs 살찌다

### 야코의 어휘 사전

'살지다'와 '살찌다'는 비슷한 듯 다르니, 잘 구분해서 써야 해. '살지다'는 형용사로, 동식물이나 사물의 살이 많고 튼실한 상태를 묘사할 때 써. '살진 염소', '살진 옥토', '살진 과일'처럼 말이야.

반면, '살찌다'는 동사로, 몸에 살이 필요 이상으로 많아지는 것을 뜻해. 또는 비유적인 표현으로 힘이 강해지거나 생활이 풍요로워질 때 쓰기도 하지. '너는 살찐 모습이 보기 좋다', '이른 봄비는 들판의 새싹을 살찌게 한다'와 같이 쓰인단다.

# 애꿎다 vs 짓궂다

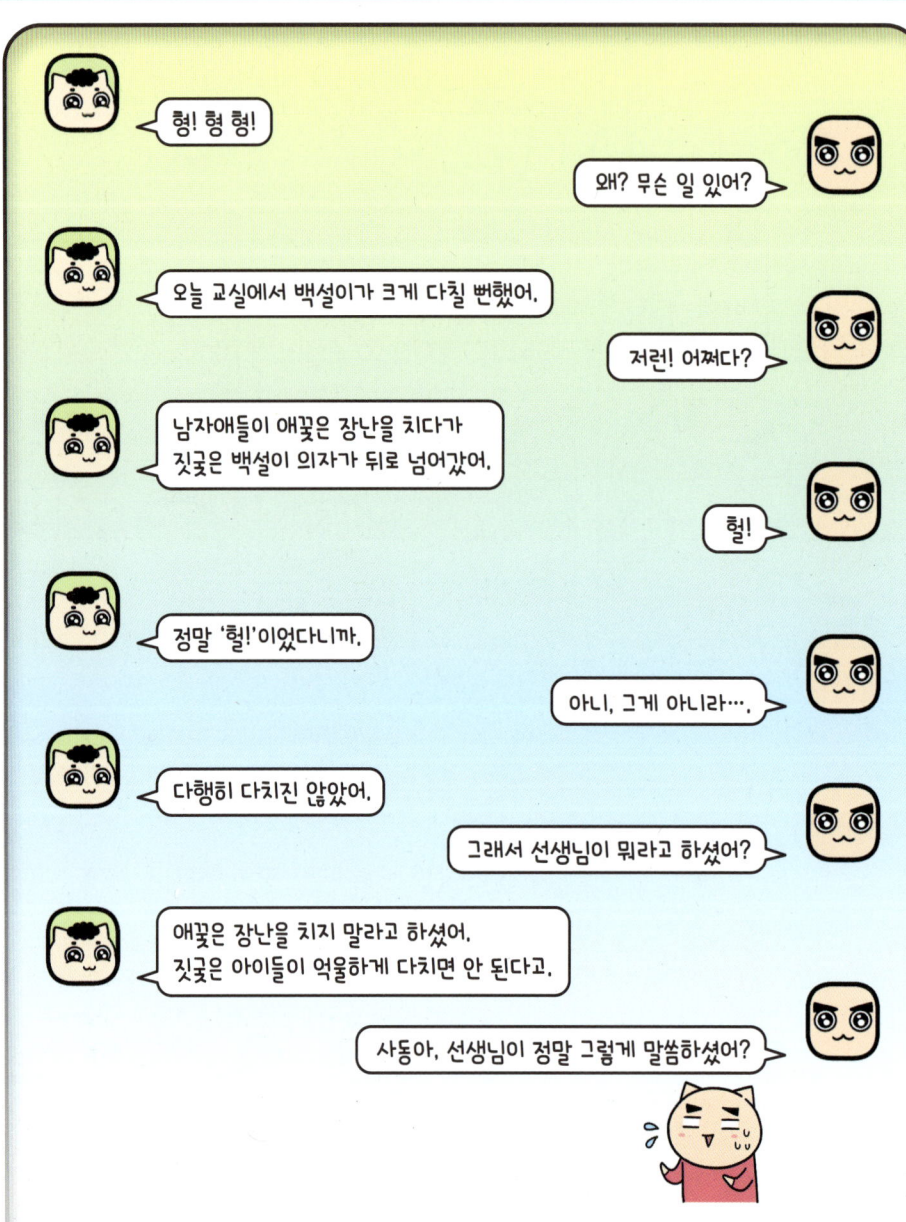

음… 바뀌었나?
'짓궂은 장난을 치다 애꿎은 아이들이 다치면 큰일 난다'였나?

사동아, 지금처럼 단어의 뜻을 정확히 모르고 그냥 느낌적인 느낌으로 쓰면 실수하기 쉬워.

 히잉.

우리 반 애들 때문에 짓궂은… 아니, 애꿎은 사동이만 혼났네.

형! 맞아?

최고!

## 야코의 어휘 사전

'애꿎다'는 '아무런 잘못 없이 억울하다', '그 일과는 아무런 상관이 없다'라는 뜻이야. '짓궂다'는 '장난스럽게 남을 괴롭고 귀찮게 하여 달갑지 아니하다'라는 뜻이지.

두 단어는 완전히 다른 뜻인데 사동이처럼 조금 헷갈릴 수도 있어.
두 단어의 발음이 비슷하거든. '애꿎다'와 '짓궂다' 모두 [~꾿따]로 소리 나잖아. 하지만 '애꿎다'의 '꿎'은 쌍기역으로 시작하고 '짓궂다'의 '궂'은 그냥 기역으로 시작한다는 점을 잊지 말자!

### 쪽지 시험

다음 중에서 바르게 쓴 단어를 두 개 골라 봐.

애꿎다 / 애꿋다 / 애궂다 / 짓꿏다

짓궂다 / 짓굳다

정답: 애꿎다, 짓궂다

# 안치다 vs 앉히다

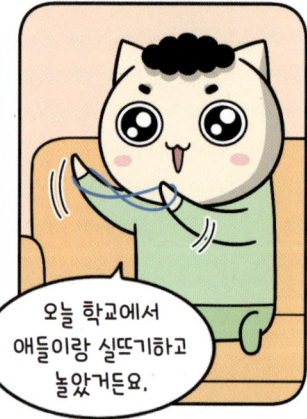

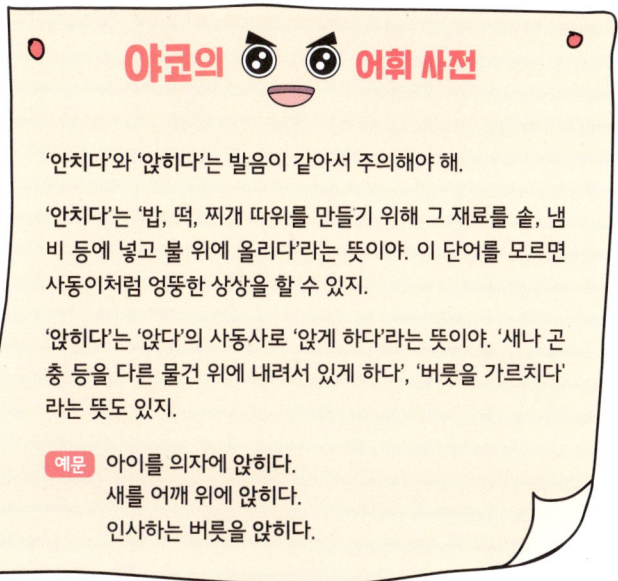

## 야코의 어휘 사전

'안치다'와 '앉히다'는 발음이 같아서 주의해야 해.

'안치다'는 '밥, 떡, 찌개 따위를 만들기 위해 그 재료를 솥, 냄비 등에 넣고 불 위에 올리다'라는 뜻이야. 이 단어를 모르면 사동이처럼 엉뚱한 상상을 할 수 있지.

'앉히다'는 '앉다'의 사동사로 '앉게 하다'라는 뜻이야. '새나 곤충 등을 다른 물건 위에 내려서 있게 하다', '버릇을 가르치다' 라는 뜻도 있지.

예문 아이를 의자에 앉히다.
새를 어깨 위에 앉히다.
인사하는 버릇을 앉히다.

# 계발 vs 개발

## 야코의 어휘 사전

'계발하다'와 '개발하다'는 잘 구분해서 써야 해.

'계발'은 '슬기나 지능, 생각 따위를 일깨워 준다'는 뜻이야. 생각을 깨우쳐서 발전시킨다는 의미가 있지.

반면 '개발'은 크게 두 가지 의미로 나눌 수 있어. 하나는 토지나 자원을 유용하게 만든다는 뜻이고, 다른 하나는 지식이나 재능을 발달하게 한다는 뜻이지.

개발의 두 번째 의미 때문에 계발과 헷갈리지? 사동이의 소질을 '계발하다'가 맞을지, '개발하다'가 맞을지 말이야. 이때는 이미 있는 능력을 발달하게 하는 것은 '개발', 아직 갖춰지지 않은 능력을 일깨워 주는 것은 '계발'이라는 걸 기억하자.

사동이의 요리에 대한 소질은 아직 갖춰지지 않았으니까 '계발한다'고 쓰는 게 맞아.

# 야코와 함께 노래를

지독한 길치인 양양이가 길을 잃었어. 〈길치〉 노래에 맞추어 책에서 배운 대로 올바른 어휘를 따라가 보자. 양양이는 무사히 친구들과 만날 수 있을까?

← QR코드를 찍어 봐!

▶ 길치

 주변에 뭐 있냐면 비둘기랑 길냥이가 있다.
비둘비둘 비둘기, 길냥길냥 길냥이.

 아니, 어디 있냐고.

 흠, 그러니까 여기가 어디냐면 방금 차가 세 대 지나간 곳이다.
방금 한 대 더. 이제 알겠니?

 아니, 제대로 설명을 하라고!

 화내지 마. 인생 처음 발 디딘 곳이다.
여기가 어디냐면 구름 조금 끼고 바람 살짝 부는 곳이야.

## 도전! 어휘로 길치 탈출

 어딨는지 알려 달라 했더니
① 애꿎은 vs 짓궂은 날씨 알려 주는 너란 놈은 환상적이다.

 아, 여기 뭐, 버거 천국?
② 비스듬한 거 vs 비스름한 거 있는데?

 아, 진작 말하지.
그러면 왼쪽 먹자골목 들어가서 직진한 후
치킨집 ③ 귀퉁이 vs 모퉁이 에서 왼쪽으로 꺾어.
내가 두 팔 벌려 네 놈을 만날 준비를 하고 있을 거다.

 오케이, 걱정 마.
지금 ④ 너무 vs 아주 정확하게 가고 있으니까.

 지금 어딘데?

 어, 일단… 지구인 건 분명해.
정색하지 마. 인생 처음 발 디딘 곳이다.
여기가 어디냐면, 어… 그러니까… 음….

 어딨는지 알려 달라 했더니
지가 어딨는지도 모르는 너란 놈은 환상적이다.

덕분에 잘 도착했어!

정답: ①짓궂은 ②비스름한 거 ③모퉁이 ④아주

# 2장

## 한자 하나만 알아도 열을 깨치는 어휘

한자가 이렇게 쉬운 거였어?

흐뭇~

내 질'문'에 왜 자꾸 반'문'해?

# 학문 / 문제 / 반문

## 야코의 어휘 사전

선생님께 궁금한 것을 여쭤볼 때, '질문'을 하지? 여기서 '문' 자는 '물을 문(問)'이라는 한자로, '묻다, 질문하다'라는 뜻을 지녔어. '문' 자가 들어가는 어휘를 알아볼까?

학문: 어떤 분야를 체계적으로 배워서 익힘
문제: 해답을 요구하는 물음
반문: 물음에 대답하지 않고 되받아 물음

## 사동이의 나머지 공부

동문서답: 동쪽을 물어봤는데 서쪽을 대답한다는 뜻이야. 즉, 물음과는 상관없는 엉뚱한 대답을 말해.

## 유교 보이와 동'거' 시작!
# 거처/거주지/동거

- 형! 큰일 났어.
- 왜? 무슨 일이야?
- 스포키 형의 시간 장치가 이상하게 작동해서 조선 시대 유교 보이가 여기로 오게 됐거든?
- 유교 보이?
- 응. 이상한 옷 입은 애 있어. 근데 스포키 형이 시간 장치를 고치려면 시간이 좀 걸릴 거래.
- 그래서?
- 스포키 형이 유교 보이를 내게 맡기고 갔어.

밤이 깊었으니 거처로 갑시다!

응? 거처?
끄덕 끄덕

왜 자꾸 거처로 가자는 거야? 거기가 어딘데?

형! 거처가 뭐야?

머물 곳이 필요한가 보네.

아, 거처가 머물 곳이구나. 그럼 **거주지**랑 뭐가 달라? 아무튼 유교 보이가 나랑 잠시 **동거**를 해야 한대.

사동아, 거주지는 거처랑 비슷한 말이야. 거기 어디야? 형이 데리러 갈게.

형, 나… 형이 올 때까지 무사할 수 있을까?

그게 무슨 말이야?

유교 보이의 어휘 공격이 너무 무서워.

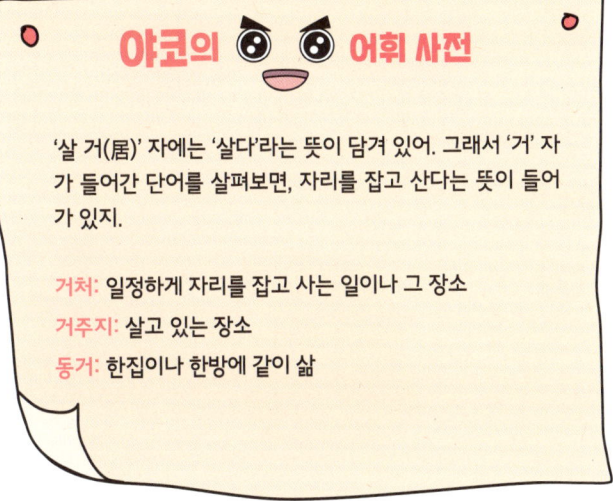

## 야코의 어휘 사전

'살 거(居)' 자에는 '살다'라는 뜻이 담겨 있어. 그래서 '거' 자가 들어간 단어를 살펴보면, 자리를 잡고 산다는 뜻이 들어가 있지.

**거처**: 일정하게 자리를 잡고 사는 일이나 그 장소
**거주지**: 살고 있는 장소
**동거**: 한집이나 한방에 같이 삶

노파'심'이라는 '심'리
# 노파심 / 심리 / 심신

## 야코의 어휘 사전

'마음 심(心)' 자에는 '마음, 뜻, 의지, 생각, 심장' 등의 뜻이 담겨 있어. 그래서 전반적으로 감정, 마음의 상태와 관련된 단어에 많이 쓰여.

**노파심**: 필요 이상으로 남의 일을 염려하고 걱정하는 마음
**심리**: 마음의 작용과 의식의 상태
**심신**: 마음과 몸을 아울러 이르는 말

## 사동이의 나머지 공부

**이심전심**: 말하지 않아도 마음과 마음으로 서로 뜻이 통한다는 뜻이야.

야코 '형'과 사동이는 종'형'제

# 종형제 / 형 / 부모 형제

## 야코의 어휘 사전

사동이가 매일 닳도록 불러 대는 형(兄)은 말 그대로 '형'을 나타내는 한자야. 같은 부모에게서 난 사이나 친척 사이에서 쓰지만, 남남 사이에서도 나이가 많은 사람을 부를 때 써.

**종형제**: 사촌 관계의 형과 아우
**부모 형제**: 부모와 형제를 함께 아우르는 말

## 사동이의 나머지 공부

**호형호제**: 서로 형이니 아우니 하고 부른다는 뜻이야. 엄청 가까운 친구 사이를 말해.

'조'식도 먹고 아침밥도 먹을래!

# 조식 / 조회 / 조조할인

 형! 아침부터 어디 갔어?

 아침 운동 중! 무슨 일 있어?

 난 아침밥 먹는 중.

형, 근데 **조식**이 뭐야?

 잉? 네가 지금 먹고 있는 그거! 아침밥!

 힝. 저 녀석이 아침밥을 조식이라고 하길래, 내가 이건 한식이라고 했다가 실컷 비웃음을 당했어.

 아, '조'가 아침을 뜻하는 한자거든. 사동이 너 학교에서 **조회**해 본 적 있지? 조회의 '조'도 '아침 조'자야.

 그렇구나.

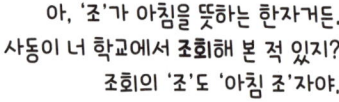
 또 있어. 저번에 형이랑 아침 일찍 극장에 갔을 땐 **조조할인** 받아서 영화 싸게 봤잖아.

헉, 형! 그러고 보니 나도 하나 생각 났어.

바로 지금 형이 하고 있는 운동… 조깅!

사동아, 조깅은… 천천히 달린다는 뜻의 영어야! 흑 ㅠㅠ

## 야코의  어휘 사전

'아침 조(朝)'는 '아침'을 뜻하는 한자야. 단순히 아침이라는 시간뿐 아니라, 새로운 시작이라는 의미도 담겨 있지.

**조식**: 아침밥
**조회**: 학교나 회사에서 아침에 모든 구성원이 함께 모이는 일
**조조할인**: 극장에서 아침 일찍 방문한 관람객에게 일정 금액을 깎아 주는 것

## 사동이의  나머지 공부

**조삼모사**: '아침에 세 개, 저녁에 네 개'라는 뜻으로, 잔꾀로 남을 속여 놀리는 말을 이르는 고사성어야. 먹이를 아침에 세 개, 저녁에 네 개씩 주겠다는 말에는 원숭이들이 적다고 화를 내더니 아침에 네 개, 저녁에 세 개씩 주겠다는 말에는 좋아했다는 이야기에서 유래했어.

### 내 '물'건이 고'물'이라고?
# 만물/물건/고물/물물 교환

### 야코의 어휘 사전

'물건 물(物)' 자는 말 그대로 '물건, 사물'을 의미하는 한자야.
나아가 '어떤 형체를 갖춘 모든 물질적 대상'을 이르기도 하지.

**만물**: 세상에 있는 모든 것
**물건**: 일정한 형태를 갖춘 모든 것
**고물**: 옛날 물건, 또는 헐거나 낡은 물건
**물물 교환**: 돈으로 사고 팔지 않고 물건과 물건을 바꾸는 일

### 사동이의 나머지 공부

**견물생심**: 어떤 물건을 보면 가지고 싶은 욕심이 생긴다는 뜻이야.

사동이 '출'몰 주의!

# 노출/외출/출몰

 형, 이모가 옷을 사 왔어.

오, 사동이는 좀 좋겠네?

 아니, 별로. 유교 보이 옷이거든. 유교 보이가 입은 옷이 불편할 거 같다고.

그런데 저 녀석, **노출**이 심하다며 이모가 사온 옷을 거부했어.

ㅋㅋㅋ 그래도 **외출**할 땐 필요할 텐데.

감사하오나, 소인 두문불출할 것이라 옷이 필요 없습니다.

스윽

똑똑한 데다 어쩜 이렇게 예의도 바를까?

부글부글

형! '드문 불출'이 뭐야?

 '드문 불출'이 아니라 '두문불출'이야. 집에만 있고 밖에 나다니지 않는다는 뜻이지.

 쳇! 두문불출이 그렇게 예의 바른 거야?

 ?

 두고 봐! 나도 이제부터 이모 앞에서 두문불출할 테니까!

 ㅋㅋ 너처럼 우리 집에 출몰이 잦은 녀석이 두문불출할 수 있을까?

 출몰이 뭐야? ㅇㅅㅇ

끔뻑 끔뻑

## 야코의 어휘 사전

한자 '날 출(出)' 자에는 '나가다, 나다, 태어나다'라는 뜻이 담겨 있어. 자, 그럼 '출' 자가 들어간 단어를 살펴보러, 출발!

**노출**: 겉으로 드러나거나 드러냄
**외출**: 집이나 일하는 곳에서 벗어나 잠시 밖으로 나감
**출몰**: 어떤 현상이나 대상이 나타났다 사라졌다 하는 것

## 사동이의 나머지 공부

**신출귀몰**: 귀신같이 나타났다가 사라진다는 뜻으로, 움직임을 알 수 없게 자유자재로 나타나고 사라지는 것을 말해.

'우'산을 쓸까, '우'비를 입을까?

# 우산/우비/우기/우의

## 야코의 어휘 사전

'비 우(雨)' 자는 '비, 비가 오다'라는 뜻을 지닌 한자야. 비가 오는 날 무조건 챙기는 우산, 우비 등을 떠올려 보면, 그 의미를 쉽게 짐작할 수 있어.

우산: 비를 맞지 않게 머리를 가리는 도구
우비: 비를 막기 위해 사용하는 물건을 통틀어 이르는 말로 우산, 비옷, 도롱이 등이 속한다.
우기: 일 년 중 비가 많이 내리는 시기
우의: 비가 올 때 젖지 않도록 옷 위에 덧입는 옷

사동이와 유교 보이, '친'구가 되다!
# 친구 / 친애 / 친목

## 야코의 어휘 사전

'친할 친(親)' 자는 '친하다, 가깝다'라는 뜻을 가진 한자야. '친' 자가 들어간 단어들은 친구, 친척 등 우리 일상에서도 가깝게 쓰여.

**친구:** 가깝게 오래 사귄 사람
**친애:** 친밀히 사랑함
**친목:** 서로 친하여 화목함

## 사동이의 나머지 공부

**일심동체:** 한마음 한 몸이라는 뜻으로, 서로 아주 가까운 사이를 말해.

### 야코만 몰랐던 '다'수결
# 다소/다급히/다수결

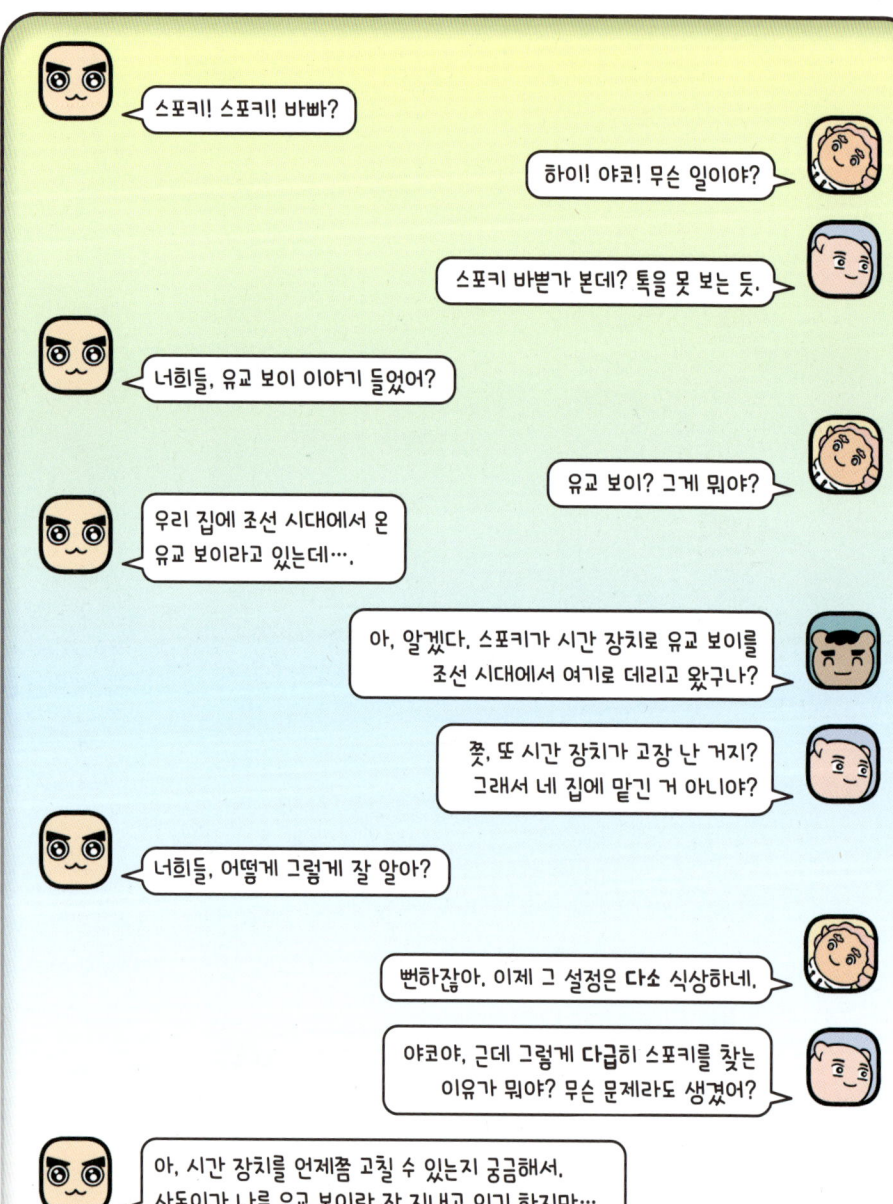

다행이다, 내 말이 맞지? 유교 보이는 사동이가 자주 놀러 오는 야코네 집에 머무르는 게 좋을 것 같다고 했잖아.

 ?

무슨 소리? 내가 **다수결**로 정하자고 해서 그렇게 된 거잖아.

다수결? 너희들, 그런 중요한 일을 나 빼고 다수결로 정한 거야?

너희들 거기 어디야?
꼼짝 말고 기다려!

우리 사동이에게 형제 같은 친구가 생겨 좋구나!

그러게요, 우리 집으로 와서 천만다행이에요.

## 야코의  어휘 사전

'많을 다(多)' 자는 '많다, 낫다, 더 좋다, 뛰어나다'라는 뜻을 가진 한자야. 수나 양이 많을 때 쓰이곤 해.

**다소**: 분량이나 정도의 많음과 적음, 또는 조금이긴 하지만 어느 정도
**다급히**: 매우 급하게
**다수결**: 많은 사람들의 의견에 따라서 어떤 사항을 결정하는 일

## 사동이의  나머지 공부

**다사다난**: 여러 가지 일도 많고 어려움이나 탈도 많다는 뜻이야.

## 야코의 어휘 사전

'배울 학(學)'은 '배우다, 공부하다'라는 뜻의 한자야. 그래서 '학' 자가 들어가면 무언가를 배우거나 공부하는 것과 관련된 단어일 가능성이 높아.

학교: 학생이 공부하는 곳
학우: 같이 공부하는 벗
학습: 배워서 익힘

## 사동이의 나머지 공부

남녀칠세부동석: 일곱 살이 넘은 남자아이와 여자아이는 한 자리에 같이 앉지 않는다는 뜻이야. 옛날에는 이게 예의라고 생각했대.

'견'학을 하면 '견'문이 넓어져!

# 견학/편견/견문

 사동아, 유교 보이 괜찮아?
설마 학교에서 쫓겨난 건 아니지?

형! 유교 보이가 왜 쫓겨나?
형 걱정 마!

내가 선생님께 산골 마을에서 온
사촌이라고 잘 말씀드렸어. 선생님께서도
흔쾌히 야야초 견학을 허락해 주셨지.

 오!

친구들한테도 잘 말했어. 옷차림이랑 말투가 조금 달라도
편견을 갖지 말고 잘 대해 달라고.

 우리 사동이 제법인데?

형! 그런데 어쩌지?
문제가 생겼어.

 무슨 문제?

처음엔 남녀칠세 어쩌고 하면서
어울리지도 못하던 녀석이….

66

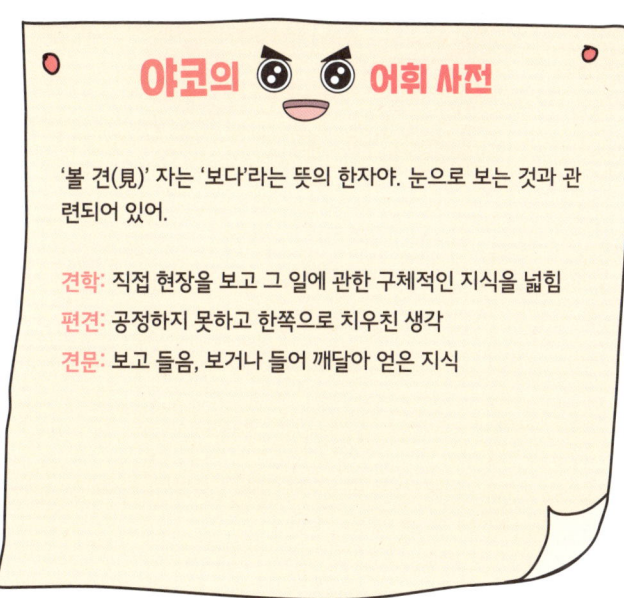

## 야코의 어휘 사전

'볼 견(見)' 자는 '보다'라는 뜻의 한자야. 눈으로 보는 것과 관련되어 있어.

**견학**: 직접 현장을 보고 그 일에 관한 구체적인 지식을 넓힘
**편견**: 공정하지 못하고 한쪽으로 치우친 생각
**견문**: 보고 들음, 보거나 들어 깨달아 얻은 지식

'장'발의 '장'단점

# 장기간 / 장단 / 장발

## 야코의 어휘 사전

'길 장(長)' 자는 '길다', 혹은 '어른'이라는 뜻을 가진 한자야. 이 '장' 자가 어떤 단어 앞에 붙으면 '긴' 또는 '오랜'의 뜻을 더하게 돼. 또한 어떤 단어 뒤에 붙어서 '책임자'나 '우두머리'의 뜻을 나타내기도 해.

**장기간:** 긴 기간
**장단:** 길고 짧음, 좋은 점과 나쁜 점
**장발:** 길게 기른 머리카락
**공장장:** 공장의 우두머리

# 안녕 / 평안 / 안부

유교 보이, '안'녕!

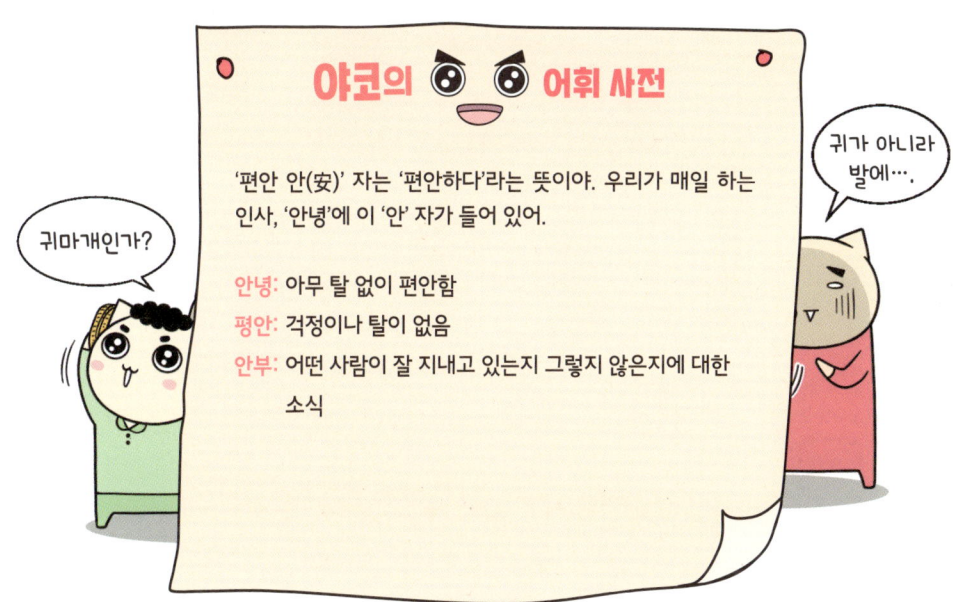

유교 보이가 남긴 '서'신과 각'서'
# 서신/각서/도서관

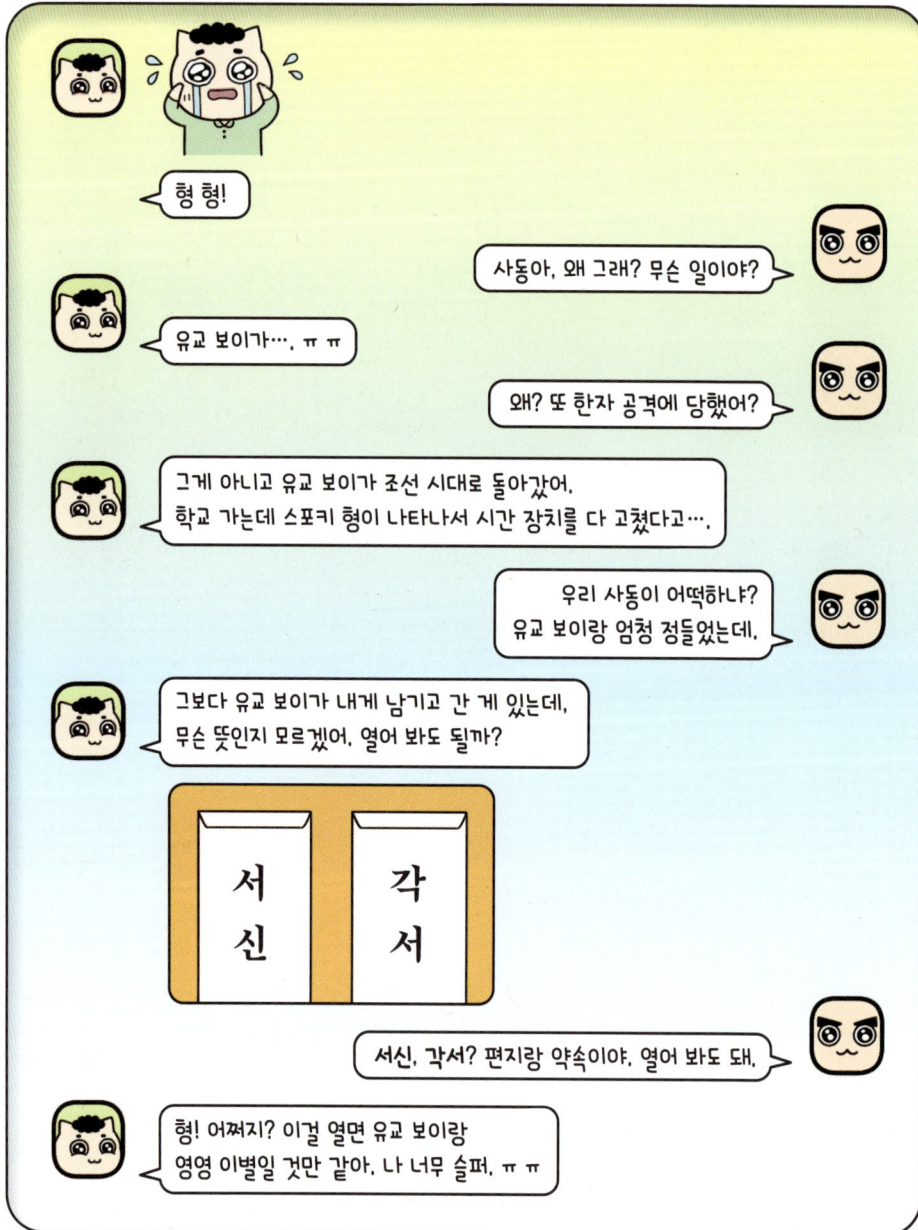

# 야코의 어휘 사전

'글 서(書)' 자에는 '글, 글을 쓰다, 책' 등의 뜻이 담겨 있어. 글이나 책과 관련된 단어들에 많이 쓰여.

**서신**: 안부나 소식, 용건을 적어 보내는 글
**각서**: 약속을 지키겠다는 내용을 적은 문서
**도서관**: 온갖 종류의 도서와 문서, 기록 등을 모아 놓고 볼 수 있게 해 놓은 곳

### 정성스런 '수'제 선물을 줄 거야!

# 수첩/수제/묘수

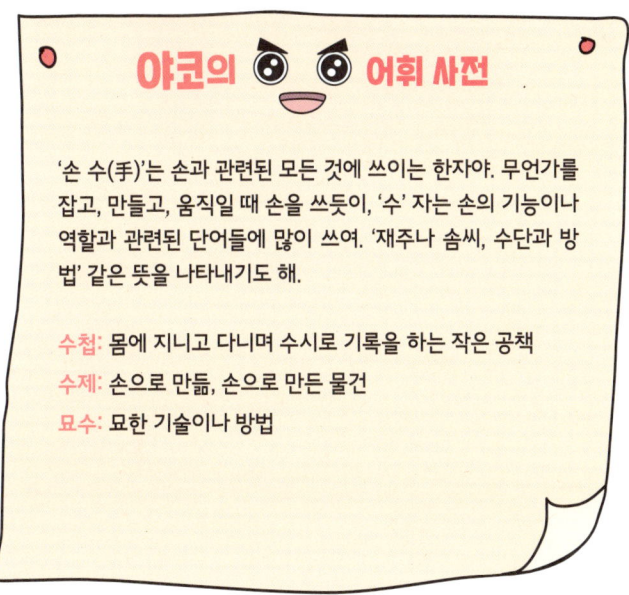

### 야코의 어휘 사전

'손 수(手)'는 손과 관련된 모든 것에 쓰이는 한자야. 무언가를 잡고, 만들고, 움직일 때 손을 쓰듯이, '수' 자는 손의 기능이나 역할과 관련된 단어들에 많이 쓰여. '재주나 솜씨, 수단과 방법' 같은 뜻을 나타내기도 해.

**수첩**: 몸에 지니고 다니며 수시로 기록을 하는 작은 공책
**수제**: 손으로 만듦, 손으로 만든 물건
**묘수**: 묘한 기술이나 방법

## 야코와 함께 노래를 ♪ ♫

만약 유교 보이와 길에서 마주친다면? <요즘 어린이 VS 조선 시대 어린이>노래를 듣고 사동이 입장이 되어 보자. 유교 보이와 어휘 놀이를 펼치는 거야!

QR코드를 찍어 봐!

▶ 요즘 어린이 VS 조선 시대 어린이

투호는 어떠한가?

뭔지 몰라. 영상이나 찍자.

뭔지 모르오.

자, 이렇게 카메라를 세워 놓고 엉덩이를 좌우로.

상스럽게 뭐야?

유교 보이!

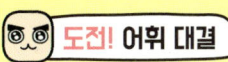 도전! 어휘 대결

같은 한자가 들어가는 단어 대기, 이제부터 시작!

이건 어떻소? **조식!**

① _____!

출몰!

② _____!

견학!

③ _____!

서신!

④ _____!

정답: ① 조석(조수의 썰물과 밀물) 등 / ② 출몰(나타났다 사라짐) 등 / ③ 견문, 견지 등 / ④ 신사, 신뢰 등

 ## 야코와 함께 노래를

 그게 뭐요? 그게 뭐지? 게임 안 해?
당최 뭔 말인지 모르겠소.

컴퓨터? 몰라. 스마트폰? 몰라.
아이돌? 몰라.
말도 안 돼! 어떻게 살아가냐고?

유교는? 몰라. 천자문? 몰라. 머리 왜 짧소?
이거 완전 기본 안 돼 있는 사람이구먼.

그럼 아까 말한 팽이치기 어때?

좋소, 덤비시오. 하나둘.
뭐야, 어찌 저게 팽이요?
어허, 반칙이오.

노래방? 몰라. 피시방? 몰라. 아이돌? 몰라.
말도 안 돼! 어떻게 행복하냐고?

이 옷은 뭐요? 이것은 뭐요? 이 사람 뭐요?
세상이 요상하게 돌아가는구먼.

 요상하오.

도전! 어휘 대결

뭐가 있을까?

유교 보이에게 가르쳐 주고 싶은 요즘 어휘가 있다면?
어휘와 그 뜻을 적어 봐.

어휘:

뜻:

오호, 신기하오.

어휘:

뜻:

그것 참 별나오.

빈부 차에 대해
토론해야
하거든.

# 3장

## 모르고 넘어가면 큰코다치는 교과서 속 어휘

> 우리 사동이 제법이다!

# 검소

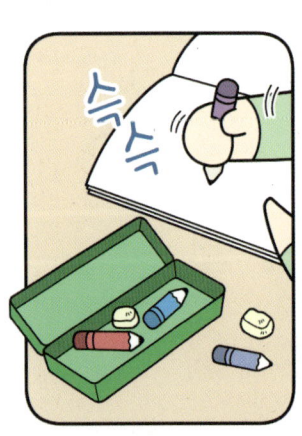

### 야코의 어휘 사전

**검소**
'사치하지 않고 꾸밈없이 수수함'이란 뜻이야. 그러니까 '사치'는 검소의 반대말로, 필요 이상으로 돈이나 물건을 쓰고 분수에 넘치는 생활을 한다는 뜻이지.

### 사동이의 나머지 공부

근검: 부지런하고 검소하다는 뜻이야.

청빈: 성품이 깨끗하고 재물에 대한 욕심이 없어 가난하다는 뜻이야.

국어

# 낭송

일단 시부터 잘 선정해 봐.

 응! 근데 형, 선정이 뭐야?

 여럿 가운데서 뽑아 정하는 거야.

 아아! 알겠어. 시를 뽑은 다음엔 어떻게 해?

 낭송 연습을 해야겠지.

 아, 맞다! 형, 근데 낭송은 또 뭐야? Song? 노래도 불러야 해?

 갈 길이 멀구나…. ㅜㅠ

## 야코의 어휘 사전

**낭송**
크게 소리를 내어 글을 읽거나 외우는 것. 시는 보통 '읽는다'고 하지 않고 '낭송한다'고 해. 시는 비슷한 소리가 반복되고 문장의 글자 수가 일정하게 반복되어서 리듬을 살려 읽을 수 있어. 이것을 '운율'이라고 하는데, 시를 읽을 때는 이렇게 운율과 느낌을 살려서 낭송해야 해.

## 사동이의 나머지 공부

**암송**: 글을 보지 않고 입으로 외우는 거야.

**운율**: 시나 노래에서 음악처럼 느껴지게 하는 리듬과 가락이야. 소리가 비슷한 글자가 반복되거나, 글자 수가 일정하게 반복될 때 생겨.

## 사회
# 공손

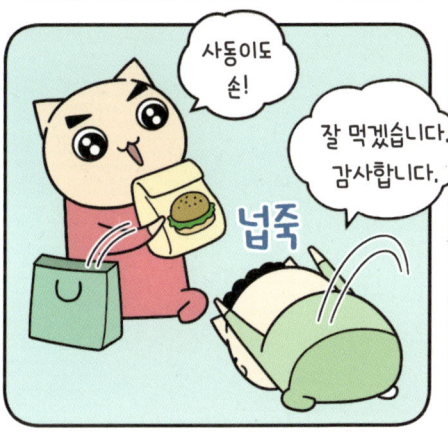

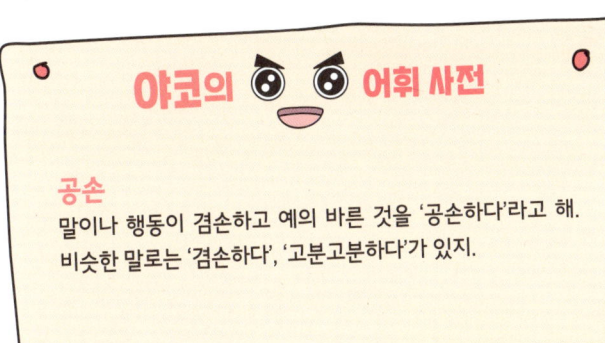

**야코의 어휘 사전**

**공손**
말이나 행동이 겸손하고 예의 바른 것을 '공손하다'라고 해. 비슷한 말로는 '겸손하다', '고분고분하다'가 있지.

**사동이의 나머지 공부**

**불손**: 말이나 행동이 버릇없고 겸손하지 않다는 뜻이야. 비슷한 말로 '무례', '오만'이 있지.

국어

# 호소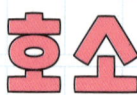

형! 바빠?

아니, 네가 온다고 해서 놀아 주려고 기다리는 중이야.

형! 지금 가는 중인데 이것 좀 봐 줘.

> 제발 호소합니다.
> 담벼락에 낙서하지 마세요.
> CCTV 촬영 중이니
> 낙서 현장 찍히면 경찰에
> 신고합니다.

아! 골목길에 붙은 거야?

응, 형, 근데 호소가 뭐야?

음… 호소는 억울하거나 힘든 사정을 남에게 간절히 알리는 거야.

아~ 그렇구나.

사동아, 조심해서 와.

## 야코의 어휘 사전

### 호소

억울하거나 딱한 사정을 남에게 간곡히 알린다는 뜻이야. '호소하다'는 '사정하다' '사정사정하다' '통사정하다'란 비슷한 말이 있어.

과학

# 공생

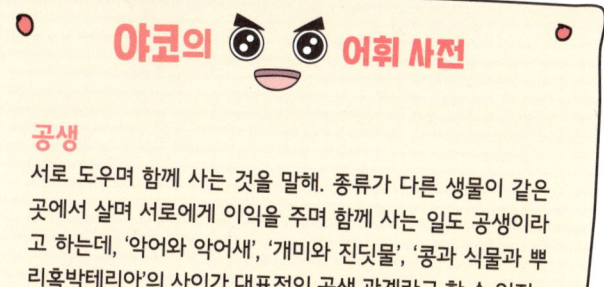

## 야코의 어휘 사전

**공생**
서로 도우며 함께 사는 것을 말해. 종류가 다른 생물이 같은 곳에서 살며 서로에게 이익을 주며 함께 사는 일도 공생이라고 하는데, '악어와 악어새', '개미와 진딧물', '콩과 식물과 뿌리혹박테리아'의 사이가 대표적인 공생 관계라고 할 수 있지.

**공존**: 공생과 비슷한 말로 '두 가지 이상의 사물이나 현상이 함께 존재함'을 가리키는 말이야.

## 수학
# 배열

얘들아, 다들 수학 숙제 했어?

응, 나 다했어. 난 수 배열표로 만들었어.

| 101 | 201 | 301 | 401 | 501 |
| 111 | 211 | 311 | 411 | 511 |
| 121 | 221 | 321 | 421 | 531 |

나도 지금 막 끝냈어.

내 것도 보여 줄게.

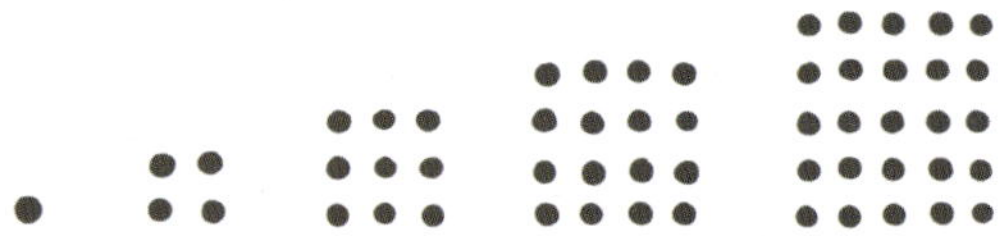

아하! 이거 엄청 쉽네!

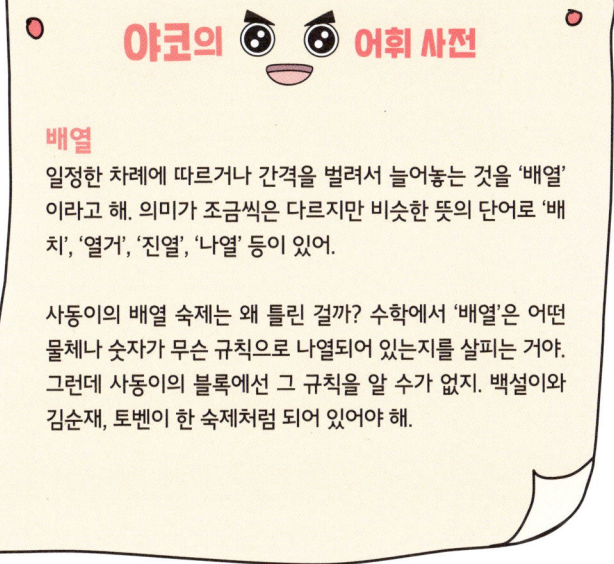

### 배열

일정한 차례에 따르거나 간격을 벌려서 늘어놓는 것을 '배열'이라고 해. 의미가 조금씩은 다르지만 비슷한 뜻의 단어로 '배치', '열거', '진열', '나열' 등이 있어.

사동이의 배열 숙제는 왜 틀린 걸까? 수학에서 '배열'은 어떤 물체나 숫자가 무슨 규칙으로 나열되어 있는지를 살피는 거야. 그런데 사동이의 블록에선 그 규칙을 알 수가 없지. 백설이와 김순재, 토벤이 한 숙제처럼 되어 있어야 해.

# 빈부

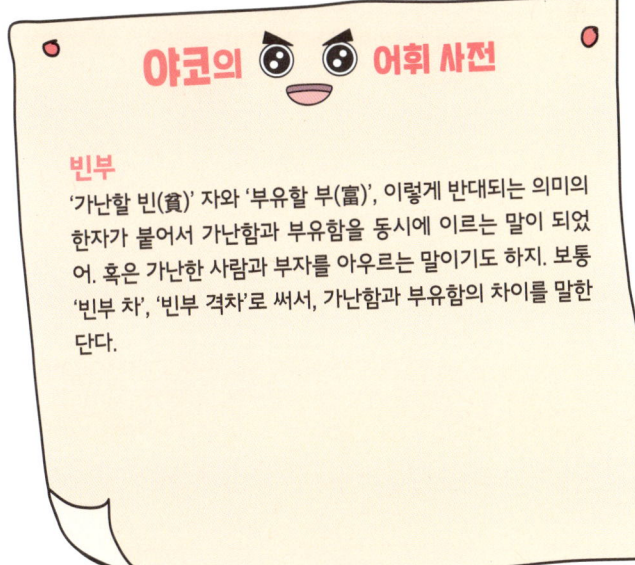

### 빈부

'가난할 빈(貧)' 자와 '부유할 부(富)', 이렇게 반대되는 의미의 한자가 붙어서 가난함과 부유함을 동시에 이르는 말이 되었어. 혹은 가난한 사람과 부자를 아우르는 말이기도 하지. 보통 '빈부 차', '빈부 격차'로 써서, 가난함과 부유함의 차이를 말한단다.

# 국어
# 경지

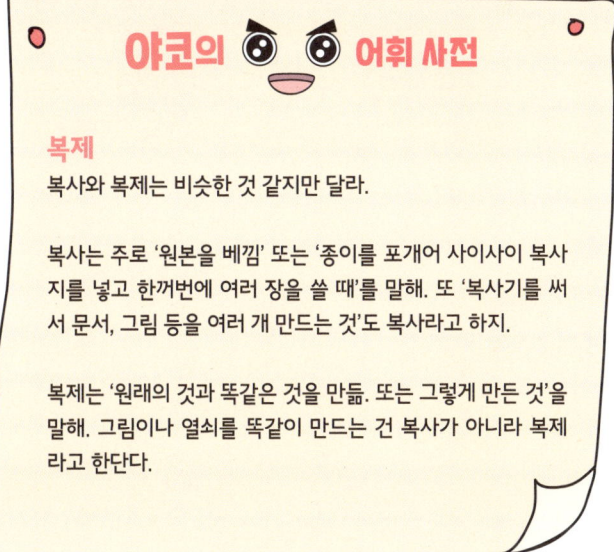

### 복제

복사와 복제는 비슷한 것 같지만 달라.

복사는 주로 '원본을 베낌' 또는 '종이를 포개어 사이사이 복사지를 넣고 한꺼번에 여러 장을 쓸 때'를 말해. 또 '복사기를 써서 문서, 그림 등을 여러 개 만드는 것'도 복사라고 하지.

복제는 '원래의 것과 똑같은 것을 만듦. 또는 그렇게 만든 것'을 말해. 그림이나 열쇠를 똑같이 만드는 건 복사가 아니라 복제라고 한단다.

국어

# 중략

 형 형! 나 물어볼 게 있어.

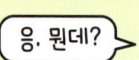 응, 뭔데?

 웃어른께 편지 쓰는 법에 대해 알아보고 편지를 써 가는 게 숙제거든.

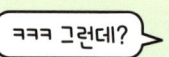 ㅋㅋㅋ 그런데?

### 웃어른께 편지 쓰는 법

| | |
|---|---|
| 보고 싶은 할아버지께 | 받는 사람 |
| 할아버지, 안녕하세요? 저 찬이에요. | 첫인사 |
| 며칠 지나면 드디어 겨울 방학이 시작돼요.<br>〈 중략 〉<br>은지랑 곧 놀러 갈게요. | 하고 싶은 말 |
| 그때까지 건강히 계세요. | 끝인사 |
| 0000년 00월 00일 | 쓴 날짜 |
| 손자 김찬이 올림 | 쓴 사람 |

형, 근데 '중략'이 뭐야?

 아! 중략은 '글이나 말에서 중간의 일부분을 줄인다'라는 뜻이야.

  아하!

잠시 후

 형, 내가 이모에게 쓴 편지 좀 봐줄래?

 그래.

보고 싶은 이모께
이모, 안녕하세요? 저 사동이에요.
며칠 지나면 저희 학교에서
체육 대회를 해요.

〈 중략 〉

오랜만에 형 보러 놀러 갈게요.
그때까지 건강히 계세요.

2025년 9월 28일
사동이 올림

사동아, 중략까지 따라 쓰면 어떡해! ㅜㅠ

## 야코의  어휘 사전

**중략**

'글이나 말에서 중간의 일부를 줄인다'는 뜻이야. 비슷한 말로 '생략'을 쓸 수 있는데, 생략이 더 넓은 의미로 쓰인단다. '전체에서 일부를 줄인다'는 뜻이지.

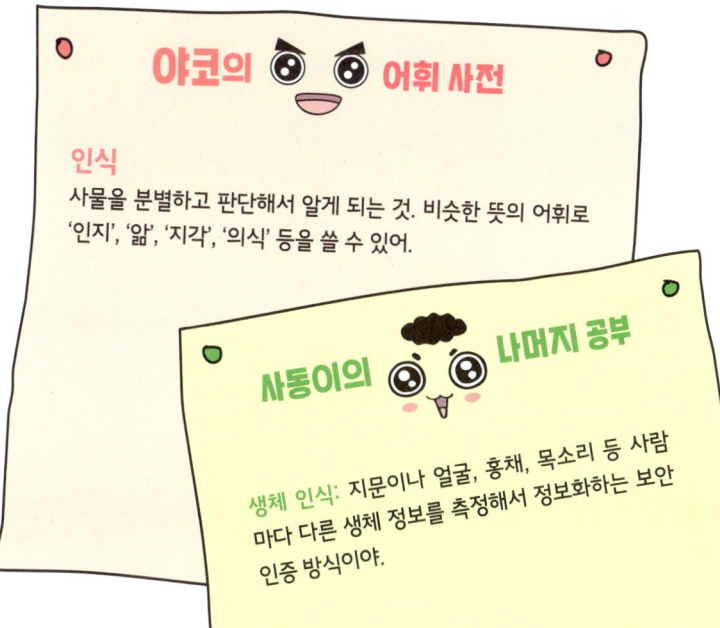

과학

# 발굴

- 형들! 나 궁금한 게 있어.
- 사동, 하이!
- 사동이, 잘 지냈니?
- 사동아, 반갑다.
- 어! 너 아직도 이 톡 방에 있었어?
- 사동아, 궁금한 게 뭔데?
- 발명, 발견, 발굴이 어떻게 다른지 궁금해. 사전을 찾아봐도 잘 모르겠어.
- 음, 그건…. 
- 사동아! 형이 매일매일 하는 일이 '발명'이야. 기술이나 물건을 새로 생각해서 만들어 내는 거지.
- 아! 시간 장치 같은 거 만드는 게 발명이구나!
- 맞아.

발견은 미처 찾아내지 못했던 것을 찾아내는 거야.

여긴 형이 새로 '발견'한 맛집이야.

 아하! 완벽하게 이해돼!

훗, 발굴에 어울릴 사람은 나밖에 없겠네.

'발굴'은 형처럼 훌륭한 인재를 찾아냈을 때 써. 땅속에서 엄청난 유물을 찾아내는 것도 발굴이라고 하지.

 형, 알겠으니 이제 그만해.

## 야코의   어휘 사전

**발굴**
발굴은 땅속이나 큰 덩치의 흙, 돌 더미 따위에 묻혀 있는 것을 찾아 파내는 걸 말해. 세상에 널리 알려지지 않은 뛰어난 것을 찾아 밝혀내는 것도 발굴이라고 하지. 비슷해 보이지만 다른 의미의 단어로는 발명과 발견이 있어.

## 사동이의  나머지 공부

**발명**: 아직까지 없던 기술이나 물건을 새로 생각하여 만들어 내는 거야.

**발견**: 미처 찾아내지 못했던 것, 아직 알려지지 않은 사물이나 현상, 사실 따위를 찾아내는 거야.

사회

# 실천

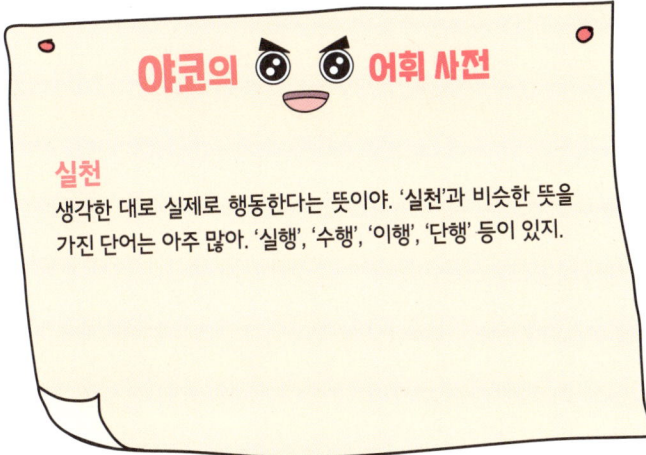

### 야코의 어휘 사전

**실천**
생각한 대로 실제로 행동한다는 뜻이야. '실천'과 비슷한 뜻을 가진 단어는 아주 많아. '실행', '수행', '이행', '단행' 등이 있지.

## 야코와 함께 노래를

사동이와 친구들이 인형 뽑기 기계 앞에 옹기종기 모여 있어.
〈인형 뽑기〉 노래를 듣고, 빈칸의 초성에 맞는 어휘를 맞혀 봐.

▶ 인형 뽑기

살짝 왼쪽으로 점점 더.
아냐, 오른쪽.
맞아, 바로 거기.
미세 ① ㅈㅈ 으로 조금 위로.
딱 맞아!

좋아, 나는 너흴 믿어.
분명 뽑을 수 있을 거야.
② ㄱㄷ 삼 초 하고,
자, 눌러!

## 실전! 어휘 초성 퀴즈

오오오, 와!

인형을 감싸 쥐었어.

오오오, 와!

위로 잘 올라갔어.

위에서 한 번 털더니 떨어지고 말았어.

에휴….

꿈과 ③ ㅎㅁ 천 원 모두 사라졌어.

얘들아, 형 왔다.

형! 오빠!

이제 ④ ㅇㅅ 하라고.

형이 왕년에 인형 좀 뽑았단다.

천 원 딱 넣고 인형 다 뽑아 버릴 준비.

얘들아, 형아 믿지?

네!

자, 눌러!

오오오, 뭐야?

형아 천 원 더 있다.

오오오, 뭐야?

오천 원 더 넣어 주마.

이게 아닌데.

나의 이만 칠천 원.

꿈과 희망 ⑤ ㅈㄱ 모두 다 잃었어.

# 4장

## 알아야 써먹는 관용구 속 어휘

# 간에 기별도 안 가다

## 야코의 어휘 사전

**간에 기별도 안 가다**
먹은 것이 너무 적어서 먹으나 마나 하다.

'기별'은 소식을 전한다는 뜻이야. 그러니까 '기별이 안 간다'라는 말은 '소식이 전해지지 않았다'는 의미지. 즉, '간에 기별도 안 간다'는 관용구는 영양소를 저장하는 간에 소식도 안 갔을 정도로 먹은 게 적다는 말이야.

## 사동이의 나머지 공부

기별: 조선 시대 승정원(임금의 명령을 들이고 내는 관청)에서 매일 아침 각 관아에 전하는 소식을 이르는 말이었대. 그 소식이 적힌 종이는 '기별지'라고 불렀고.

# 줄행랑을 치다

와! 백설이 시험 진짜 잘 봤네. 실수할 수도 있지, 뭐. 얘들아, 나 아빠 설겆이 도와드려야 해서 가 볼게.

사동아… 근데 설겆이가 아니라 설거지야. ^^;

맞아, 이거 1권에서 배웠던 건데….
민망

쌩
사동아, 설거지 도와준다면서 어디 가?

으아앙
다다다
줄행랑

### 야코의 어휘 사전

**줄행랑을 치다(놓다)**
급하게 도망을 치다.

'줄행랑'에는 두 가지 의미가 있어. 하나는 옛날 양반집 대문 양쪽으로 죽 줄지어 있는 종들의 방이라는 뜻이고, 또 하나는 '도망'을 속되게 부르는 말이지.

'줄행랑을 치다'라는 관용구는 이 중 두 번째 뜻을 써서 '피해서 도망치다'를 말할 때 써.

# 쐐기를 박다

### 야코의 어휘 사전

**쐐기를 박다**
어떤 일을 정할 때 분명히 하다.

'쐐기'는 나무로 만든 못 같은 거야. '▽'모양으로 깎은 나무를 나무로 만든 두 물건의 틈새에 박아서 연결 부분이 움직이지 않도록 하지. 이렇게 두 물건을 움직이지 않게 고정하는 것처럼, '어떤 일을 정할 때 분명히 한다' 또는 '다시는 그러한 일이 없도록 다짐을 두다'라는 뜻으로 '쐐기를 박다'라고 써.

# 배짱이 좋다

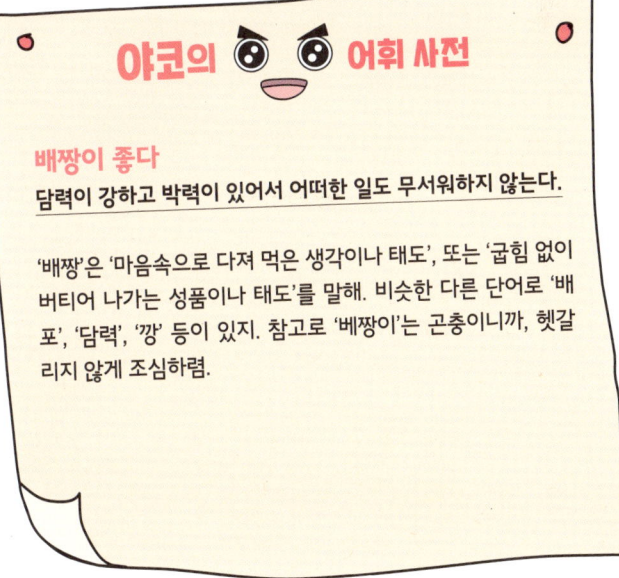

## 야코의 어휘 사전

**배짱이 좋다**
담력이 강하고 박력이 있어서 어떠한 일도 무서워하지 않는다.

'배짱'은 '마음속으로 다져 먹은 생각이나 태도', 또는 '굽힘 없이 버티어 나가는 성품이나 태도'를 말해. 비슷한 다른 단어로 '배포', '담력', '깡' 등이 있지. 참고로 '베짱이'는 곤충이니까, 헷갈리지 않게 조심하렴.

# 너울을 쓰다

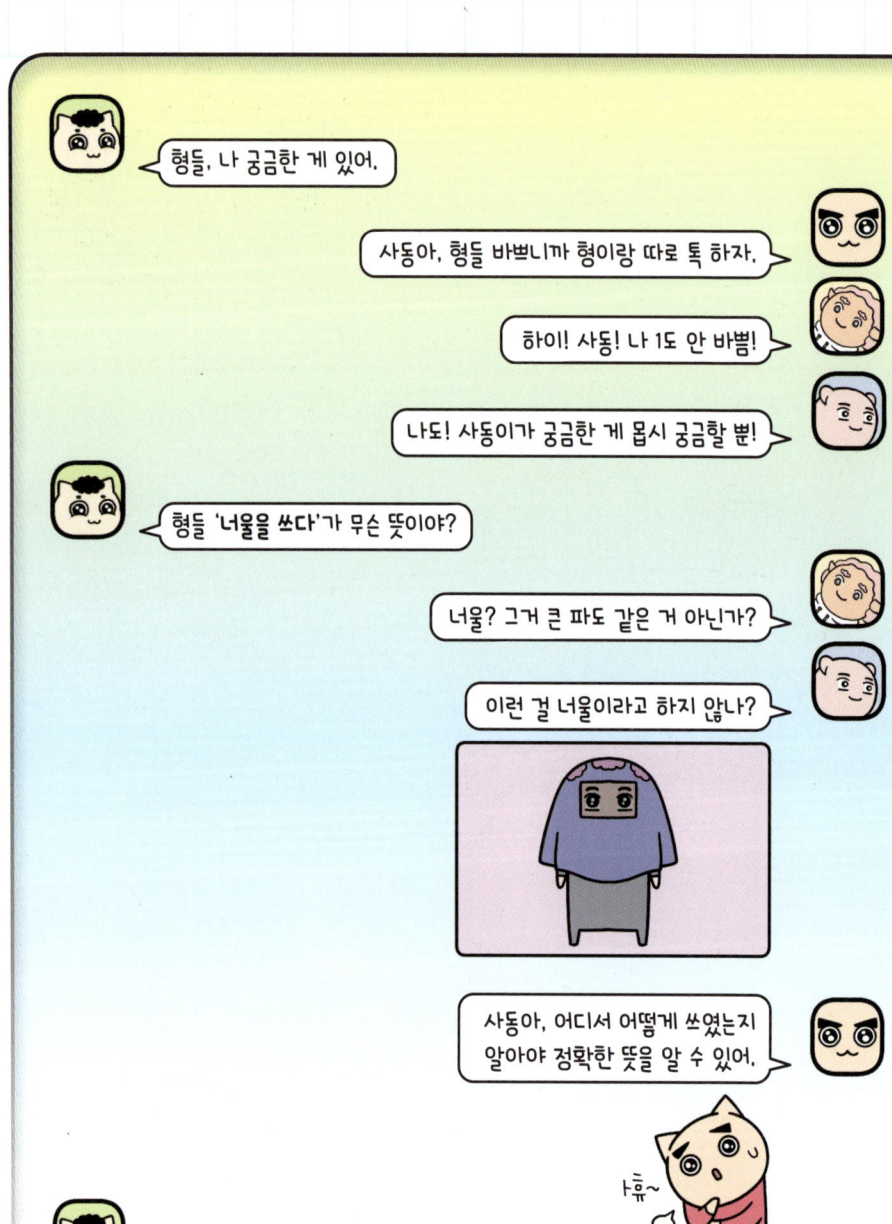

@ user1234
배우란 너울을 쓰고 발 연기만 하네.

내가 좋아하는 배우 채널에 누가 이런 댓글을 달았어.

헉!

사동아, 이건 악플이야.
그냥 무시하는 게 좋겠다.

 응. 알겠어.

좋은 댓글로 악플을
밀어내자.

척

배우님은
제 롤 모델!

배우님,
사랑해요!

탁탁
탁탁탁
탁탁탁

배우님 진짜
최고 멋져요!

## 야코의 어휘 사전

### 너울을 쓰다
속이나 진짜 내용은 그렇지 않으면서 그럴듯하게 꾸며 내 보인다.

양양이가 말한 '큰 파도', 하몽이가 보낸 '옛날에 여자들이 나들이 할 때 얼굴을 가리기 위해 쓰던 물건' 둘 다 '너울'이 맞아. '너울을 쓰다'라는 표현은 진짜 모습을 가린다는 뜻이니, 하몽이가 말한 너울에 가깝겠지. 그 밖에 '겉모습'을 비유적으로 이르는 말이기도 해. 정확한 뜻은 어휘가 쓰인 앞뒤의 문맥을 보고 파악해 보자.

## 사동이의 나머지 공부

너울 쓴 거지: 배가 너무 고파서 체면을 차릴 수 없게 된 처지를 비유한 속담이야.

# 진땀을 빼다

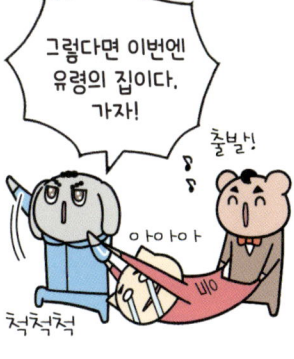

## 야코의 어휘 사전

**진땀을 빼다**
어렵고 힘든 일을 당해 진땀이 나도록 몹시 애를 쓰다.

'진땀'은 평범한 땀이 아냐. '몹시 애를 쓰거나 힘들 때 흐르는 끈끈한 땀'이지. 그런 땀이 흐를 정도로 힘든 상황에 처한 사람을 두고 '진땀을 빼다'라고 해.

## 사동이의 나머지 공부

**식은땀**: 몸이 아파서 덥지 않은데도 흘리는 땀, 혹은 긴장하거나 놀랐을 때 나는 땀이야.

**마른땀**: 놀라거나 긴장했을 때 나는 땀이야.

# 오지랖이 넓다

 형 형! 이것 좀 봐!

어? 뭐야?
웬 강아지랑 고양이야?

 아니, 어떻게 된 일이냐면,
오늘 그리랑 토토가 하마터면 치고받고 싸울 뻔했어.

그리는 고양이를 키우고
토토는 강아지를 키우거든.

그런데?

 그리네 고양이 발바닥이 그렇게 부드럽대.
토토네 강아지는 낮잠 잘 때 그렇게 귀엽고.

품! 서로 자기가 키우는 반려동물이
더 귀엽다고 싸운 거구나.
그런데 쟤들이 왜 네 집에 있어?

 내가 심판 봐 주기로 했어.
일단 고양이 발바닥을 관찰하고
강아지 낮잠 자는 것도 봐야 해.

그런 다음 사료도 주고 산책도 시켜야지. 어떤 녀석이 더 귀여운지 점수를 매겨야 해.

헉! 그걸 왜 네가 해?

 친구니까! 그나저나 그리 녀석, 고양이 우리 집에 보내고 우는 건 아닐까? 토토도 강아지 없이 못 잔다는데 걱정이야.

사동아, 너 오지랖이 정말 넓구나! 태평양이네, 태평양!

 오지랖? 그거 좋은 거지?

## 야코의  어휘 사전

**오지랖이 넓다**
쓸데없이 지나치게 다른 사람의 일에 참견하는 면이 있다.

'오지랖'은 '웃옷이나 윗도리 위에 덧입는 겉옷의 앞자락'을 말해. 겉옷의 앞자락이 넓으면 넓은 만큼 다른 옷을 많이 덮겠지? 이런 모양을 두고 다른 이의 일에 참견하는 사람의 모습을 빗댄 거야.
오지랖이 넓은 사람은 자기와 상관없는 일에 쓸데없이 나서서 참견하고 훈수도 두곤 하지.

## 사동이의  나머지 공부

**앞자락**: 옷의 앞쪽 자락을 뜻하는 말로 '오지랖'과 비슷한 단어야. '앞자락이 넓다'는 '비위가 매우 좋다'는 뜻으로 쓰인대.

**마당발**: '오지랖이 넓다'와 비슷한 의미. '인간관계가 넓은 사람'이라는 뜻으로, '오지랖'에 비해 긍정적인 의미래.

# 등골이 서늘하다

## 야코의 어휘 사전

**등골이 서늘하다**
무서워서 등골에 찬물을 끼얹은 것처럼 으스스하다.

이 관용구에서 쓰인 '등골'은 등 가운데에 길게 고랑이 진 곳을 말해. 무섭고 두려운 상황에 놓이게 되면 등이 서늘하고 오싹한 기운이 들지. 그때 '등골이 서늘하다', 또는 '등골이 오싹하다'고 해.

# 자취를 감추다

### 야코의 어휘 사전

**자취를 감추다**
남이 모르게 어디로 가거나 숨다. 또는 어떤 물건이나 현상이 없어지거나 바뀌다.

관용구 '자취를 감추다'에서 '자취'는 '어떤 것이 남긴 표시나 자리'를 말해. 비슷한 말로는 자국, 자리, 모습 등이 있지.

### 쪽지 시험

사동이가 한 가지 더 틀린 부분이 있지? 정확하게 쓰면 '꾸미거나 고친 것을 알아챌 수 없을 정도로 티가 나지 않게'라는 뜻의 이 표현을 바르게 고쳐 보자.

감쪽같이 → _____

정답: 감쪽같이

# 애간장이 타다

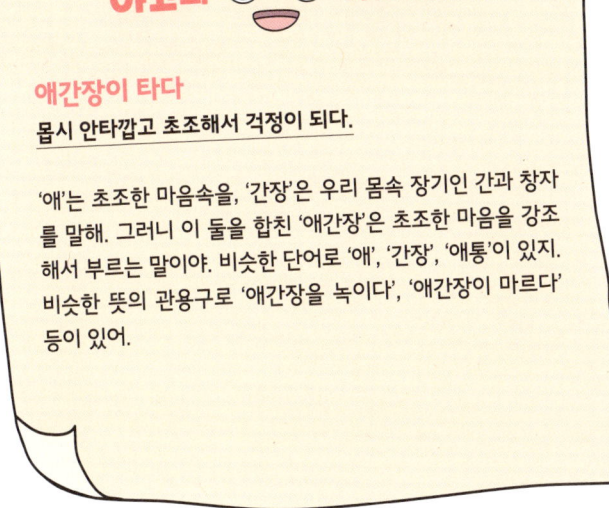

### 애간장이 타다
**몹시 안타깝고 초조해서 걱정이 되다.**

'애'는 초조한 마음속을, '간장'은 우리 몸속 장기인 간과 창자를 말해. 그러니 이 둘을 합친 '애간장'은 초조한 마음을 강조해서 부르는 말이야. 비슷한 단어로 '애', '간장', '애통'이 있지. 비슷한 뜻의 관용구로 '애간장을 녹이다', '애간장이 마르다' 등이 있어.

# 손사래를 치다

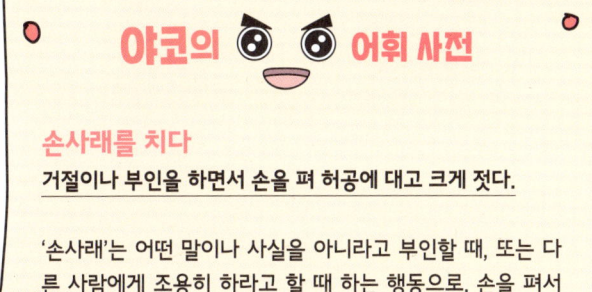

### 손사래를 치다
거절이나 부인을 하면서 손을 펴 허공에 대고 크게 젓다.

'손사래'는 어떤 말이나 사실을 아니라고 부인할 때, 또는 다른 사람에게 조용히 하라고 할 때 하는 행동으로, 손을 펴서 휘젓는 일을 말하지. 비슷한 말로 '손짓'이 있어.

# 빙산의 일각

 어? 뭐야? 이거 네가 제일 아끼는 모형 아니야?

 1000대 1의 경쟁률을 뚫고 구한 거랬지, 아마?

 저런, 조심하지 않고! 어쩌다 망가뜨렸어?

 그건 내가 묻고 싶은 말이야. 대답 좀 해 봐.

 미안…. 아까 햄C랑 하몽이네 집에 갔다가 바나나 껍질을 밟고 넘어지는 바람에….

 뭐?

 우리가 강력 접착제로 티 안 나게 붙였는데 왜 또 저렇게 망가졌지?

 에휴, 안타깝지만 실수로 그런 건데 어쩔 수 없지, 뭐.

아니, 저건 빙산의 일각일 뿐이야.

누가 그런 거야? 야코랑 햄C?

저건 좀….

하몽아, 정말 미안해. ㅜㅠ

죽을죄를 지었어. ㅜㅠ

## 야코의 어휘 사전

### 빙산의 일각
대부분은 숨겨져 있고 겉으로 드러나는 부분은 아주 작은 부분에 지나지 않음.

관용구 속 '빙산'은 '빙하에서 떨어져 나와 물 위를 흘러 다니는 얼음덩어리'를, '일각'은 '한 귀퉁이, 또는 한 방향'을 의미해. 빙산이 우리에게 보이는 부분은 작아. 물 속에 숨겨진 부분이 훨씬 크지. 그러니까 '빙산의 일각'은 어떠한 일이든 작은 일부분만 보고 섣불리 판단해서는 안 된다는 뜻으로 쓰여.

# 딴죽을 걸다

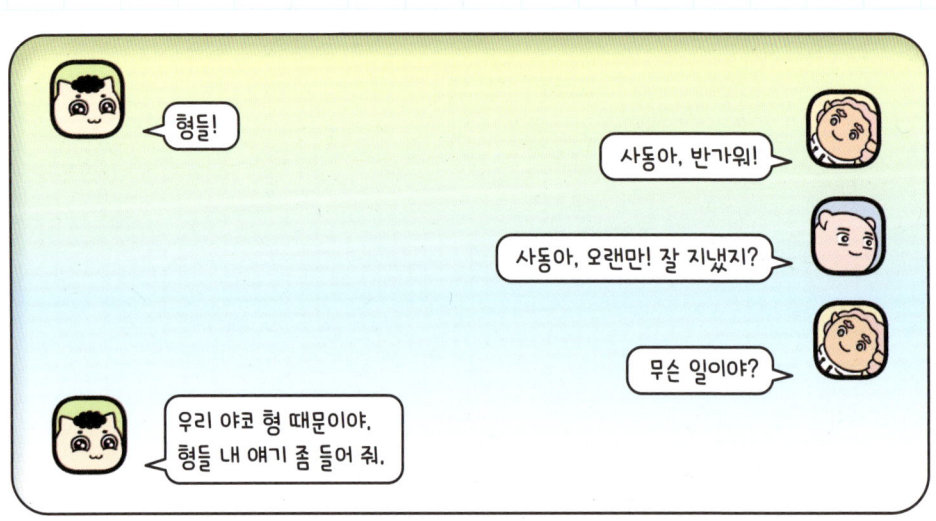

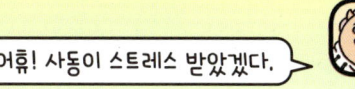 어휴! 사동이 스트레스 받았겠다.

 야코 형은 왜 깐죽을 거는 거지?
분명 그러지 않기로 나랑 약속도 했거든!

 사동아!

 그래, 형! 말 좀 해 봐.

 깐죽이 아니고 딴죽이야.
'딴죽을 걸다'라고 해야지.

이것 봐! 이것 봐!
나한테만 또 깐죽을 걸잖아.

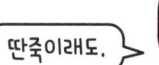 딴죽이래도.

## 야코의 어휘 사전

### 딴죽을 걸다
이미 그러지 않기로 동의하고 약속했던 일을 딴청을 피우면서 어기다.

'딴죽'은 원래 씨름이나 태껸 등에서 쓰는 기술 중 하나야. 발로 상대의 다리를 치거나 걸어서 넘어뜨리는 기술을 말하지. 그런데 이러한 원래 의미가 약해지고 지금은 '이미 약속이나 동의했던 일을 딴전을 피우는 것'으로 바뀌었어.

# 한풀 꺾이다

### 야코의 어휘 사전

**한풀 꺾이다**
한창이던 기세나 의지가 어느 정도 약해지거나 줄다.

'한풀'은 '기세나 기운이 어느 정도로'라는 뜻을 지닌 단어야. '한풀 죽다', '한풀 누그러지다' 등으로 쓰이지.

옛날에는 빨래를 하고 나면 이불이나 옷에 풀을 먹였어. 쌀로 풀을 쑤어 천에 바르면 천이 새것처럼 빳빳해지거든. 이렇게 빳빳하던 기운은 시간이 지나면 약해졌지. 옛사람들은 이를 비유해서 '한풀 꺾였다'라는 표현을 썼어.

# 활개를 치다

 형! 하이!

 사동아, 요즘 형네 왜 안 놀러 와?

 아! 날씨가 너무 추워서 집에서 칩거 중이야.

 와! 우리 사동이 칩거라는 말도 알아?

 후후, 뭐, 이쯤이야. 형, 근데 궁금한 게 있어. 내가 책에서 봤는데 '활개'가 두 팔과 다리를 활짝 벌린 거 맞아?

 음, 비슷해. 정확히는 어깨에서 팔까지, 궁둥이에서 다리까지를 말해.

 그렇구나. 형, 그럼 이만. 난 눈이 와서 친구들이랑 활개 좀 치고 올게.

 뭐? 활개를 친다고?

 응. 형, 바이!

### 야코의 어휘 사전

**활개를 치다**
의기양양하게 행동하다. 또는 제 세상을 만난 듯 함부로 행동하다.

'활개'는 사람의 어깨에서 팔까지, 그리고 궁둥이에서 다리까지를 말해. 새의 활짝 편 두 날개를 말하기도 하지. 새가 날개를 치듯 의기양양하게 행동하는 모습을 '활개를 치다'라고 말한 거야. 이 모습은 긍정적으로는 멋지게 행동하는 것을, 부정적으로는 제멋대로 행동하는 것을 나타내지.

두 팔을 어긋나게 앞뒤로 크게 저으며 걷는 모습도 '활개를 펴다', '활개를 치다'라고 해.

### 사동이의 나머지 공부

**활개**: '활짝 벌리고 있는 두 팔과 두 다리'도 맞는 말이야. 또한 '윗부분은 모아지고 아랫부분이 활짝 펴진 물건이나 그런 모양'이라는 뜻도 있어.

## 야코와 함께 노래를

살다 보면 숨 막히게 민망한 상황들이 일어나곤 해. 예를 들면, 어휘를 잘못 쓴다거나? 아하하! 야코와 친구들의 노래 〈숨 막히게 뻘쭘한 노래〉를 듣고 어휘 테스트도 풀어 보자!

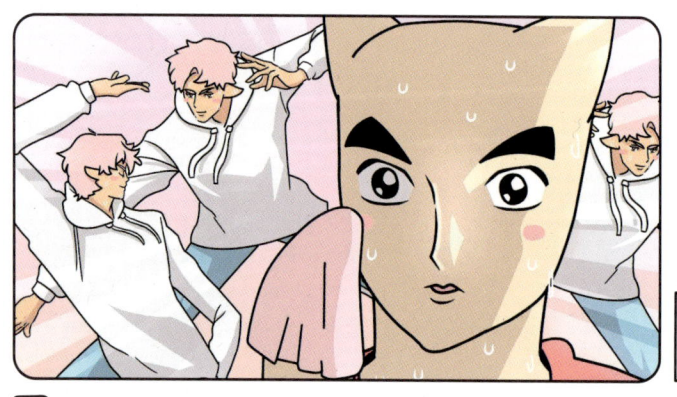

▶ 숨 막히게 뻘쭘한 노래

QR코드를 찍어 봐!

걷다 사람과 좌우 좌우 계속 겹칠 때.
아- 오- 아- 아- 어- 아.
인사 받았는데 내가 아니었을 때.
하이! 저 사람 누구야?
친구 집에서 친구 엄마 친구 혼낼 때.
너는 애가 아주 그냥!

뻘쭘 수치가 한도를 초과해
나의 얼굴은 토마토가 된다.

쉽지 않음.

이어폰 낀 줄 알았는데 스피커폰이었을 때.
주문하려 식당 점원을 불렀는데 못 들으셨을 때.
친구한테 애교를 부렸는데 사람이 지나갈 때.
저 누나 웃기다.
문 쪽에서 서로 밀었는데 나는 '당기시오'였을 때.

뻘쭘 수치가 한도를 초과해
나의 얼굴은 토마토가 된다.

쉽지 않음.

민망한 상황이 생겼을 때 책에서 배운 어휘를 써먹어 보는 건 어떨까?
아래 관용구가 올바른 표현이 되도록 선으로 이어 보고,
그 뜻도 다시 한번 복습해 보자.

① 줄행랑을 •                  • ㉠ 빼다

② 진땀을 •                    • ㉡ 서늘하다

③ 등골이 •                    • ㉢ 꺾이다

④ 한풀 •                      • ㉣ 치다

정답: ②-㉠ / ㉡-㉢ / ㉢-㉡ / ㉣-㉣

## 빨간내복야코 3
## 어휘 절대 안 틀리는 책

초판 1쇄 인쇄 2025년 5월 19일
초판 1쇄 발행 2025년 5월 28일
원작 빨간내복야코 글 박종은 그림 이영아
감수 샌드박스네트워크
펴낸이 최순영

교양 학습 팀장 김솔미 편집 이연지
키즈 디자인 팀장 이수현 디자인 오세라 교정·조판 김효정
펴낸곳 ㈜위즈덤하우스 출판등록 2000년 5월 23일 제13-1071호
주소 서울특별시 마포구 양화로 19 합정오피스빌딩 17층
전화 02) 2179-5600 내용문의 02) 2179-5727
홈페이지 www.wisdomhouse.co.kr 전자우편 kids@wisdomhouse.co.kr

ⓒ빨간내복야코.
ⓒSANDBOX NETWORK Inc. ALL RIGHTS RESERVED.
ⓒ이영아.

ISBN 979-11-7171-424-7 73710

- 이 책은 ㈜샌드박스네트워크와의 정식 라이선스 계약에 의해
  ㈜위즈덤하우스에서 제작·판매하므로 무단 복제 및 전재를 금합니다.
- 이 책의 전부 또는 일부 내용을 재사용하려면 반드시 사전에
  저작권자와 ㈜위즈덤하우스의 동의를 받아야 합니다.
- 인쇄·제작 및 유통상의 파본 도서는 구입하신 서점에서 바꿔드립니다.
- 책값은 뒤표지에 있습니다.
- 이 책의 사용 연령은 8~13세입니다.